新学習指導
要領対応

EXAM**PRESS**®
大学入学共通テスト「情報I」学習書

思考力
アップ

なる
ほど
ラボ

NARU
HODO
LABO

大学入学共通テスト

「情報Ⅰ」

特定非営利活動法人みんなのコード
未来の学び探究部　講師・研究開発担当　**永野 直** ／ 東京都立神代高等学校
情報科主任教諭　**稲垣俊介** 共著

JN062664

SE
SHOEISHA

はじめに

　「情報Ⅰ」の授業は、学習する様々な情報技術が、私たちの生活の中でどのように役立っているのか、それはどのような仕組みで動き、実現されているのか、ということについて考え、自分たちの生活や社会の中での問題解決に生かしていこうとするための学びです。

　皆さんが「情報Ⅰ」で学習する内容は、家や学校など日常生活のあらゆる場面に散りばめられています。日々使っているスマートフォンや、インターネットでの楽しく便利な体験など、そのすべてに「情報Ⅰ」で学ぶ事柄が関係しています。そこで感じる「なぜ？」「どうして？」「どうやって？」という素朴な疑問を大事にしてください。そしてその疑問はそのままにせず、納得するまで調べ、考えることが「問題発見・解決能力」を身につけることにつながるのです。

　「情報Ⅰ」の共通テストでは、テーマは毎回多様なものが取り上げられ、与えられた資料から情報を読み解いていく思考力が問われます。そのため、この本は「覚える」のではなく「考える」ことを習慣化してもらうために作成しました。日々の生活や授業でも、本書を参考に疑問に思ったことをそのままにせず、どんどん試してみる、という姿勢を身につけてください。

　この本でそのエッセンスを感じていただき、本書の内容だけにとどまらず、自分と「情報Ⅰ」の結びつきについて考える習慣を身につけ、「問題発見・解決能力」を身につけるための一助となれば幸いです。

永野　直

私たちが日々生活するこの社会は、さまざまな情報で満ち溢れています。これには、データとしての情報も、情報技術に関する情報も含まれます。これらの幅広いテーマを包括するのが、「情報Ⅰ」という科目です。多岐にわたり、膨大な内容に感じられるかもしれません。しかし、この本では、単なる知識の習得にとどまらず、むしろ思考する過程に重点を置いています。私たちの周りにあふれる情報をどのように分析し、検討し、考察するかが重要なのです。

　近年の大学入学共通テストでは、単に情報を記憶する問題よりも、与えられた情報をどう分析し、思考するかが重視される問題が多く出題されています。これは、社会が求める能力がそのような方向にシフトしているためでしょう。Webを通じてあらゆる情報が手に入る現代では、情報を単に記憶するよりも、それをどのように分析し、思考するかがより重要視されています。この本で学ぶ目的は、まさにその点にあります。

　この本を作成するにあたり、筑波大学での情報科指導法の講義に参加された学生の皆さんの貴重な意見や発表が大いに参考になりました。また、私の授業を受けた高校生の皆さんの感想も、この本の作成に大きく貢献してくれました。心から感謝申し上げます。

　この本は、情報を深く理解し、思考する能力を養うことを目的としています。日々の情報をただ受け入れるのではなく、それを論理的に分析し、考察することで、思考力を一段と高めるための指南書です。この思考力は、日常生活や学業、そして将来のキャリアにおいても大きな役割を果たすことができると信じています。

稲垣俊介

目　次

大学共通テスト「情報Ⅰ」とは

　2025年（令和7年）1月に実施される大学入学共通テスト（共通テスト）から、「情報Ⅰ」が出題科目として追加されます。

　高等学校での情報Ⅰの学習範囲は、学習指導要領により大きく4つに分けられており、その中から出題されることになっています。

（1）情報社会の問題解決

（2）コミュニケーションと情報デザイン

（3）コンピュータとプログラミング

（4）情報通信ネットワークとデータの活用

　共通テスト「情報Ⅰ」は国立大学を受験するには原則、必須科目であり、公立大学や私立大学では一部の大学で必要になります。試験時間60分、100点満点です。

　参考までに試作問題では、4つの大問から構成されています。選択問題はなく、全て必答です。配点を見ると「コンピュータとプログラミング」が46点、「情報通信ネットワークとデータの活用」が31点と、高い配点となっています。

本書の使い方

　本書は共通テスト「情報Ⅰ」に対応する「問題解決能力」を磨くための本となっています。

　本文では、高校生のタクミさんとミライさん、そして先生の3人が登場します。高校生の2人が日々の生活の中で感じたいくつかの話題について、先生と一緒に深掘りしていく形で内容が進んでいきます。プログラミングやデータ活用など実際にコンピュータを操作しながら進めていく部分が多くあります。解説を読むだけではなく、体験として学ぶことがとても大事です。

| 先生 | ミライさん | タクミさん |

　各節末には練習問題がありますので、じっくり取り組んでみてください。解答をすぐに見ずに、まずは自分で取り組んでみることが重要です。試行錯誤することで、「考える力」が鍛えられ、共通テストにも絶対に役立つ思考力、問題解決能力が身に付いていくはずです。

読 者 特 典

　本書では、読者特典として次にあげるデータを提供しています。

第1章　アルゴリズムとプログラミング
　　　　◉ 練習問題
　　　　　Python の練習問題です。本文と直接関係はありませんが、Python の基本的な
　　　　理解や確認に役立ててください。ドライブにコピーして使用してください。
　　　　◉ 本文と節末問題のプログラム
　　　　　本文のプログラムと節末問題のプログラムを全て記載してあります。実際にプ
　　　　ログラムを入力しながら学習を進めてください。

第2章　データの分析
　　　　◉ データの分析で使用した Excel
　　　　　本文で解説した Excel データです。テキストと一緒に操作しながら学習を進め
　　　　てください。Excel のタブの番号は本書の図表の番号に対応しています。

　下記のサイトにアクセスして、ぜひ実際に操作しながら学習を進めてください。

https://www.shoeisha.co.jp/book/download/9784798183213

本書内容に関するお問い合わせについて

　このたびは翔泳社の書籍をお買い上げいただき、誠にありがとうございます。弊社では、読者の皆様からのお問い合わせに適切に対応させていただくため、以下のガイドラインへのご協力をお願い致しております。下記項目をお読みいただき、手順に従ってお問い合わせください。

●ご質問される前に

弊社 Web サイトの「正誤表」をご参照ください。これまでに判明した正誤や追加情報を掲載しています。

正誤表　https://www.shoeisha.co.jp/book/errata/

●ご質問方法

弊社 Web サイトの「書籍に関するお問い合わせ」をご利用ください。

書籍に関するお問い合わせ　https://www.shoeisha.co.jp/book/qa/

インターネットをご利用でない場合は、FAX または郵便にて、下記"翔泳社 愛読者サービスセンター"までお問い合わせください。
電話でのご質問は、お受けしておりません。

●回答について

回答は、ご質問いただいた手段によってご返事申し上げます。ご質問の内容によっては、回答に数日ないしはそれ以上の期間を要する場合があります。

●ご質問に際してのご注意

本書の対象を超えるもの、記述箇所を特定されないもの、また読者固有の環境に起因するご質問等にはお答えできませんので、予めご了承ください。

●郵便物送付先および FAX 番号

送付先住所　〒 160-0006　東京都新宿区舟町 5
FAX 番号　　03-5362-3818
宛先　　　　（株）翔泳社 愛読者サービスセンター

第 1 章

アルゴリズムと
プログラミング

　プログラミングは、IT 企業などに勤めるプログラマなどの特殊な技能、というイメージが強いかもしれません。しかし、今やプログラミング学習は小学校から行われており、一部の人だけに関わるものではなくなりました。製品としてのプログラム作成だけでなく、日々のさまざまな作業や分析、シミュレーションなどにもプログラムが役立ち、特に学問の世界ではあらゆる分野で活用されるようになってきています。

　これからの世界で大事なのは、「自分が行いたいこと」を実現する考え方と手段を身につけることです。その考え方として「アルゴリズム」、その表現方法として、「プログラミング」が活用できるのです。

　第 1 章では、日常生活に関わるような題材を用いて、問題解決の手順（アルゴリズム）を考え、実際にプログラムを書きながら学んでいきましょう。

1.1 | プログラムを書く準備をしよう

第1章では、10節にわたってプログラミングを学んでいきます。プログラミングは紙の上で読むだけではなかなか理解できません。実際に自分でプログラムを書いてみることが大事です。まずは、プログラミング言語 Python を使うための準備をしていきましょう。

これまでにプログラミングをやったことはあるかな？

小、中学校のときに Scratch をやったことがあります。

ブロック型のプログラミング言語だね。Scratch はとてもわかりやすいし、キャラクターを動かしたりすることも得意だから、ゲームを作ったりすることもできるね。プログラミングを初めて学ぶ上で、ブロックプログラミングはとてもいい経験だと思うよ。
プログラミングにはブロック型ではなくて、文字の命令を書いていくテキストプログラミング言語もある。これから、テキストプログラミング言語の Python に挑戦してみよう。

英語で書くようなやつですよね。なんだか難しそう。

大丈夫だよ。丸暗記しようとせずに、1つずつしっかりプログラムの意味を理解していこう。

● Python とは

プログラミング言語には数多くの種類があり、Web サイト上で動かすもの、データの分析が得意なもの、CG などのグラフィックスに向いているもの、家電製品の制御に向いているものなど、用途によってさまざまな言語が使い分けられます。その中でも、**Python** は汎用性が高く企業から個人に至るまでさまざまな用途で利用されています。データの分析や人工知能開発などをはじめとした便利で豊富な機能が充実していて、近年特に人気が高まっています。

Python は 1980 年代に誕生し、現在使われているのは Python 3 というバージョンです。

高機能なだけでなく「わかりやすい」というのも人気の理由です。明確で単純なルールによって、書き方のクセなどに影響を受けにくく誰が書いても読みやすいプログラムを書くことができます。

◉ Pythonを使うには

　Pythonは無料で使うことができます。本格的な開発を行うのではなく、Pythonの基本を学ぶだけであれば、プロが使う本格的な開発環境は必要ありません。

　最も簡単にPythonプログラムを書くには、**Google Colaboratory**（グーグル・コラボラトリまたはコラボレイトリ）を使うのがよいでしょう。インストールなどは不要で、ブラウザだけでPythonプログラムを作成・実行することができ、グラフも描画できます。

> 通常の開発を行う場合は、Pythonのサイト（https://www.python.org/）からコンピュータにインストールする。ただし、実際に利用するまでには事前設定が必要で、簡単な作業とはいえない。

◉ Google Colaboratoryの準備

　Google Colaboratoryのサイト（https://colab.research.google.com/?hl=ja）にアクセスします。

　サイトを開くと、Colaboratoryの説明がありますので、一通り読んでください。

　左上の［ファイル］メニューから、［ノートブックを新規作成］をクリックします。「Googleへのログインが必要」と表示された場合は、ログインボタンをクリックし、自分のGoogleアカウントとパスワードを入力してログインします。

　新しい「ノートブック」が開きます。Googleアカウントにログインしていれば、ここに書いたプログラムは「ノートブック」ファイルとしてGoogleドライブの「colab notebooks」フォルダに保存されます。

> サイトを探すには、ブラウザで「Google Colaboratory」と検索するとよい。なお、Colaboratoryを使うには、Googleアカウントが必要なので、自分のGoogleアカウントがない場合は、新規作成すること。

◉ Colaboratoryの使い方

　「セル」と呼ばれる入力欄にプログラムを書き、左側の実行ボタンを押すとそのセルのプログラムが実行されます。

　［＋コード］ボタンでプログラムを入力するための新しいセルが追加されます。［＋テキスト］ボタンを押すと、プログラムでなくテキスト入力ができます。テキストは、ノートのように自由にメモ書きをしておくことができます。

1-1-1: Google Colaboratory の画面説明

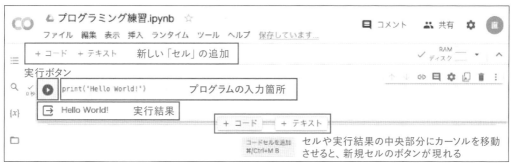

ノートブックを使った Python の練習問題や本文内のプログラムは、読者特典として提供しています。詳細は本書 7 ページを参照してください。

● Python でプログラムを書いてみよう

Google Colaboratory の準備ができたら、実際にプログラムを書いてみましょう。
まずは簡単な計算をして、その結果を表示するプログラムを書いてみます。

```
print( 5 + 7 )
```

とコードのセルに入力し、セルの左側にある実行ボタンを押します。5+7 の結果である「12」が表示されたら正しくプログラムが書けています。print( ) は、( ) の中身を表示せよ、という命令です。

計算のルールは算数と同じです。足し算や引き算より、掛け算、割り算が優先されます。

プログラム内で演算を行うときの記号を<ruby>算術演算子<rt>さんじゅつえんざんし</rt></ruby>といいます。掛け算や割り算の記号は算数と異なり、1-1-2 の表のようになりますので注意してください。例えば、

```
print( 5 + 7 / 2 )
```

と入力すると割り算が先に行われ、「8.5」と表示されるはずです。足し算を先に行いたい場合は、算数のルールと同じように、

```
print( ( 5 + 7 ) / 2 )
```

と足し算の部分に ( ) をつけて書きます。

プログラムに記述するコードや記号は基本的に**すべて半角文字**（日本語入力 OFF の状態）で書きます。

　計算式は、スペースがなくても動きますが、見やすくするためには演算記号の前後などに適宜
半角スペースを入れたほうが見やすいでしょう。

　文字を表示したいときは、print の ( ) の中の文字を「'」（**シングルクォーテーション**）か「"」（**ダ
ブルクォーテーション**）で囲みます。この記号で囲まれた文字は、そのままの形で表示されます
ので、全角文字や全角スペースも使えます。次のプログラムを実行してみましょう。

```
print(こんにちは)
```

このプログラムは全角文字を「'」または「"」で囲んでいないのでエラーになります。

```
print('こんにちは')
```

と書くと、「こんにちは」が表示されます。「"」で囲んでもかまいません。

```
print('5 + 7')
```

と書くと、計算結果ではなく、「5 + 7」とそのままの形で文字として表示されます。

1-1-2：算術演算子

計算の種類	演算子	例	答え
足し算	+	5 + 3	8
引き算	-	5 - 3	2
掛け算	*	5 * 3	15
割り算	/	5 / 3	1.6666666…
割り算の商	//	5 // 3	1
割り算のあまり	%	5 % 3	2
べき乗	**	5**3	125

1.2 アルゴリズム

　プログラミングとは、アルゴリズムをプログラムで表現することです。アルゴリズムは「問題を解決するための手順」のことで、これがないとプログラムを書くことができません。プログラミング言語はさまざまなものがありますが、アルゴリズムの考え方は、どのプログラミング言語でもほとんど共通です。

　それではプログラミングを行う上で大切なアルゴリズムについて学んでいきましょう。

　今日はアルゴリズムについて考えていこう。ところでタクミさんとミライさんは朝、家を出るまでのルーティンってあるかな？

　僕は起きてすぐに顔を洗って歯を磨きますね。それから朝食を食べて着替えるかな。

　私はまず朝食を最初に食べます。歯磨きは食べた後にしたいので。

　なるほど。同じ「朝の支度」について、違う手順があるわけだね。プログラムでも、目的のためにどんな処理をしていくか順序立てて考えていく必要がある。何らかの問題を解決する手順を明らかにしたものを「アルゴリズム」というよ。ここではアルゴリズムについて学んでいこう。

● アルゴリズムをプログラムにする

　何らかの問題を解決する手順を明らかにしたものを**アルゴリズム**といいますが、朝の支度の順番でもわかる通り、アルゴリズムは必ず1つの正解が決まっているわけではありません。プログラミングも同じで、処理結果は同じでも複数のアルゴリズムが考えられます。このアルゴリズムの違いによって、プログラムのわかりやすさや、処理の速さが異なってくる場合があります。解決の手順を考え、よりよいアルゴリズムを発想しようとすることはプログラミングでとても大切です。

> 本文および節末問題のプログラムは、読者特典として提供しています。実際にプログラムを入力しながら進めてください。読者特典についてはp7を参照のこと。

　では、実際にアルゴリズムを考える練習をしてみましょう。税抜金額300円、180円、250円の商品を買うとします。1,000円払ったときのお釣り金額を表示するとしたらどうすればいいでしょうか。なお、ここでは消費税率は10%とします。

3つの商品の金額を足して、そこに消費税分を加えて合計金額にします。支払い金額の1,000円から商品の合計金額を引いてお釣り額を求め、結果を表示します。

そうだね。ではこれをプログラムのような形で書くとこんな感じになるよ。「お釣りの表示」という問題を解くためのアルゴリズムといえるね。

処理手順の例

#お釣りの表示
- 商品1は300
- 商品2は180
- 商品3は250
- 税率は0.1（10%）
- 合計金額は（商品1＋商品2＋商品3）×（1＋税率）
- 支払い金額は1000
- お釣りは支払い金額－合計金額
- お釣りを表示する

でも、こうすればもっと短くできませんか？

#お釣りの表示
- お釣りは1000 －（300＋180＋250）*1.1
- お釣りの表示

そうだね。確かに結果は同じだし、このほうが短いプログラムだ。でも直接計算式だけを書くと、はじめてこのプログラムを見た人は1000とか1.1って何のことだかわからないね。それに消費税率が将来的に変わったらどうだろう。数式を変更しなくてはならなくなる。データには別名をつけておくと何を示しているかわかりやすくなるね。これを変数というよ。

なるほど。先生のプログラムなら、式の部分、
「合計金額は (商品 1＋ 商品 2＋ 商品 3）×（1＋ 税率)」
は変数名を使って計算しているから、商品の金額や税率が変わっても、式そのものは書き換える必要がないってことですね。

商品の金額や税率が変わったらその値だけ変えればいいのか。それに式が何をしようとしているのか、変数を使って式を書いておけばわかります。

● 変数とは

　プログラムは電卓のように一度計算結果を求めればおしまい、という性質のものではなく、再利用することができます。そのため、プログラムは**データの部分と処理の部分は分けておく**ほうがわかりやすく、データの変更にも対応しやすくなります。

　プログラミングではこのようにデータを直接処理せずに、「別名」として扱うことが多くあります。これを**変数**といいます。**変数名**は基本的に自由につけることができますが、いくつかの決まりがあります。誰が見てもわかるような名前をつけておくのがよいでしょう。通常は英語を基にして変数名を書きます。

　さきほどのプログラムを実際に Python で書くとこんな感じになります。日本語の処理手順と見比べながら読んでみましょう。

プログラム例

```
#お釣りの表示
item1 = 300
item2 = 180
item3 = 250
tax_rate = 0.1
total_price=(item1+item2+item3)*(1+tax_rate)
payment = 1000
change = payment - total_price
print(change)
```

 変数名は syouhin1 とか zeiritsu とか goukeikingaku とか日本語を基にしたものじゃだめですか？

 もちろんそれでもいいよ。でも、もしプログラミングを本格的にやるのであれば、英語を基にした変数名をつけることに慣れておくといいと思うよ。

　変数名には日本語の全角文字も使えますが、通常は利用しません。変数名は**半角アルファベット**でつけましょう。

変数名を付けるときのポイント

変数名を付けるときには、いくつか決まりがあります。

・数字から始められない。
　　　例：「1kumi」は不可、「kumi1」は OK
・大文字と小文字は区別される。
　　　例：「a」と「A」は別の変数として扱われる。
・プログラムの命令として使われるような言葉は変数として使えない。
　　　例：for, while, if, print など。
・変数名の中にスペースや「-（ハイフン）」は使えない。

　また、変数名として 2 つ以上の単語からなる言葉を使いたい場合は、単語の間に「_（アンダーバー）」をつけるとわかりやすくなります（変数名に空白文字を使用することはできません）。または 2 つ目の単語の最初を大文字にして単語の切れ目を見やすくする方法もあります。
　　　例：「totalprice」でも変数名として使えるが、「total_price」や「totalPrice」などと書くと
　　　　　読みやすくなる。
　「_」で単語を繋げる方法をスネークケース（へびのようだから）、途中で大文字を使う方法は、キャメルケース（ラクダのコブのようだから）といいます。

小数誤差

　ここで作成した「お釣りの表示」プログラムを実行すると、実際には 197 円のはずなのに、「196.999999999999」というわずかな誤差が生じてしまいます。これは、コンピュータが 2 進数（0 と 1 のみ）を使って数値を処理するため、10 進数の小数を正確に表現するのが難しいことから起こります。Python に限らず、プログラムで小数を含んだ計算をする時は必ず注意しなければなりません。解決方法にはいくつかありますが、必要な桁数に応じて丸めるなどの処理が必要になります。今回のプログラムはお釣りの金額なので小数は必要ないため、**round 関数**を使って整数に丸めるとよいでしょう。

```
change = round(payment - total_price )
```

とすることで、197 と表示できます。

● 変数への代入

変数の使い方を見ていきましょう。例えば「x = 1」と書いたら x という変数に「1」を代入するという意味になります。数学の「＝」のように左辺と右辺が「イコール」という意味ではないことに注意が必要です。つまり、右の値が左の変数名に入る、という意味を示しているわけです。

例えばこんな処理のプログラムがあるとします。

プログラム例

```
total = 3
total = total + 5
print(total)
```

 このプログラムの結果はどうなるかな？

 右辺から考えるんですね。最初は「total」が 3 だから、それに 5 を加えたものが新たに total という変数に代入されるんですね。3 行目の print 文では、最終的な total の中身である「8」が表示されると思います。

 その通りだ。でも数学として 2 行目の式を見たら、total が 3 のとき、「3= 3+5」となって、右辺と左辺が違って、おかしな式になっているよね。

プログラムの「＝」は、**右辺の結果を左辺の変数に代入**することです。total は 1 行目で 3 が代入されていますが、2 行目でその「3」に「5」が足された結果の「8」が新たな total の値として代入されています。このように、変数はどんどん上書きされてくことが多々あります。

なお、「イコール」として使いたい場合は「==」と 2 つ並べることで、**左辺と右辺が等しい**ということを表します。

左辺と右辺の比較は、条件式を作る時などに利用します。左右の値を比較するときの**比較演算子**についてまとめると、次のようになります。

1-2-1：比較演算子

記号	使用例	意味
==	a == b	a と b は等しい
!=	a != b	a と b は等しくない
>	a > b	a が b より大きい
<	a < b	a が b より小さい
>=	a >= b	a は b 以上
<=	a <= b	a は b 以下

●リスト

 さっきのプログラムでは 3 つの商品を買うプログラムでしたけど、これが 10 個になったら変数を 10 個用意するということですか。

 それでももちろんいいんだけど、効率が悪いね。日常の買い物でも、買うものを書いた 10 枚の紙片を持ち歩くより、1 枚の紙にメモして「買い物リスト」のようにまとめたほうが扱いやすいね。プログラムも同じだよ。

　プログラムでは複数の要素をまとめて、1 つの別名をつけることができます。これを「**配列**」、「**リスト**」などと呼びます。

　リストの定義の仕方は、変数と同じように名前をつけて、要素を「=」で代入します。リスト名の規則は変数名のときと同じです。要素は [ ] の**中にカンマ区切り**で入れていきます。print 文やリスト内の要素など、プログラム内で数値や変数ではなく「文字」を扱うときは、' 文字 ' のように**シングルクォーテーション（'）か、ダブルクォーテーション（"）**で囲みます。

　例えば、10 個の価格リストは、

> 厳密にいうと、配列とリストはコンピュータの内部で扱いが少し異なるが、ここでは気にしなくてよい。Python の場合は「リスト」と呼ぶので、以降「リスト」と呼ぶ。

```
price_list = [300,180,250,120,150,450,320,620,280,190]
```

のように書きます。( ) ではなく、[ ] を使うことに注意してください。() を使うとリストではなくタプルという別のデータ型になるからです。タプルは、リストと似ていますが、要素を追加・削除したり書き換えたり出来ない型です。なお、本書ではタプルは扱いません。

 リストの中の 1 つの要素を取り出すにはどうするんですか？

 リスト名の後ろに [] で先頭から何番目かを指定するんだよ。

　リスト名の後ろにつける [] で囲まれた番号を**インデックス（添字）**といいます。ただし、その順番は「0」から数えはじめることに注意しましょう。最初の要素は「0」番目ということです。
　先ほどのリスト、

```
price_list = [300,180,250,120,150,450,320,620,280,190]
```

では、リスト名である price_list に [ ] をつけて先頭からの順番を整数で指定します。price_list[0] は「300」を、price_list[4] は「150」を表していることになります。

◉ アルゴリズムの基本構造

　アルゴリズムには、次の 3 つの基本的な構造があります。

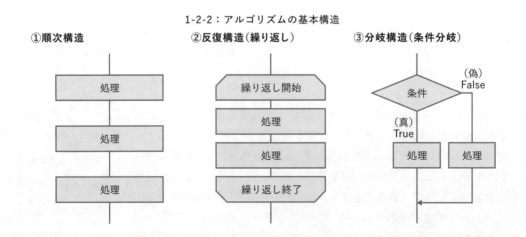

1-2-2：アルゴリズムの基本構造

　それでは Python での書き方の基本を見ていきましょう。
　ではまず繰り返し構造の書き方です。Python の場合、繰り返しには、**for** や **while** を使いますが、まずは for で回数を指定する場合の書き方を見てみましょう。

> 順次構造は上から順番に書いていくだけなので、ここでの説明は省く。

●for文（range関数で繰り返し回数を指定する場合）

for カウンタ変数 in range(繰り返し回数):
    繰り返す処理

> for の文末には「:」(コロン) をつける。
> : の後ろで Enter キーで改行すると自動でインデントがつく。

カウンタ変数は、繰り返しを制御するための変数です。変数名はこれまでの変数の付け方と同じです。

Python は、繰り返しを行う処理の部分に**インデント**（**字下げ**）をつける決まりがあります。インデントは通常半角4文字ぶん右にずらすのがよいとされています。しかし、ほとんどのプログラミング環境では改行すると自動でインデントをつけてくれます。

for の行の最後に「**:**」（**コロン**）を入力したら、Enter（改行）キーを押しましょう。自動でインデントされますので、その位置から繰り返す処理を書きます。繰り返す処理の部分は、インデントが揃っていなければなりません。

アルゴリズムの例：
変数「name」に名前を代入し、「name さんこんにちは」と3回表示する。

- ●nameに適当な名前を代入しておく
- ●カウンタ変数を「i」として、0〜2までの整数を1ずつ増やしながら繰り返す（3回）:
  - ▶ nameさんこんにちはと表示する。

プログラム例

```
name = 'タクミ'
for i in range(3):
    print(name,'さんこんにちは')
```

・繰り返したい処理の部分にインデントを入れる。
・print 関数の () の中は、「,」区切りで複数の要素を表示できる（要素間に半角スペースが入る）。
・文字型のデータ同士であれば、「+」で繋ぐこともできる（この場合は要素間に半角スペースは入らない）。
・3 行目は、
print(name+' さんこんにちは ')
でもよい。

実行結果

```
タクミ さんこんにちは
タクミ さんこんにちは
タクミ さんこんにちは
```

COLUMN

range関数

range 関数は 0 から () の個数まで、整数の範囲を作ります。例えば range(3) は「0,1,2」の3つの整数の範囲となります。この数値が**カウンタ変数**「i」に 0 → 1 → 2 と代入され、なくなるまで処理が繰り返されるため、3 回の処理が実行されることになります。

カウンタ変数は繰り返しを行うためのデータが順番に格納されていく変数です。カウンタ変数は「i」でなくても構いませんが、慣例として「i」以降のアルファベットが使われることが多いです。

●if文

```
if 条件 :
    条件が正しいときの処理
else:
    条件に合わないときの処理
```

条件分岐も、繰り返しと同じように、処理の部分にはインデントをつけて揃えて書かなければなりません。

アルゴリズムの例：
変数 x の値が偶数なら「偶数です」、奇数なら「奇数です」と表示する。

● x に適当な数値を代入して定義する

● もし、x ÷ 2 のあまりが「0」なら：

▶ 「x は偶数です」と表示する

● そうでないなら：

▶ 「x は奇数です」と表示する

> 割り算のあまりを求める演算子は「%」、等しいを示す演算子は「==」である。

プログラム例

```
x = 123
if x % 2 == 0:
    print(x,'は偶数です')
else:
    print(x,'は奇数です')
```

> ・if の行末に「:」、else の行末にも「:」をつける。
> ・処理の部分にはインデント
> ・この print 文の場合、x は整数型のデータであり、'は偶数です' は文字型のデータである。両者が異なるデータ型の場合は「+」での結合は使えない。

実行結果

```
123は奇数です
```

x に代入する値を色々変えて、プログラムが正しく処理されているか確認してみましょう。

文字同士の演算

　print 文の中などで使う文字データは、「,（**カンマ**）」で区切ることで繋げることができ、間に半角スペースが入ります。また、文字同士には、足し算の記号「+（**プラス**）」**記号**も使えこの場合は間に半角スペースは入りません。

例：
print(' あい ',' うえお ')　　　処理結果：あい うえお　（間に半角スペースあり）
print(' あい '+' うえお ')　　　処理結果：あいうえお　（間に半角スペースなし）

　また、文字型のデータに掛け算の記号「*」を使うと、数値の回数分つなげて表示することもできます。

例：print(' こんにちは ' * 3)　　　処理結果：こんにちはこんにちはこんにちは

　つまり、文字データには足し算記号（+）と掛け算記号（*）が使えます。他の「-」「/」「%」「**」などの演算子は、文字データに使うことはできません。
　ただし、「+」を使う場合には「文字」と「数値」を足すことはできず、エラーとなります。

例：
print(' あい ' + 3)　　　処理結果：文字と数値は足せないので、エラーとなります
print(' あい ' + '3')　　　処理結果：あい 3（'3' と囲むことで「3」も文字型データとなり、結合できる）

1.3 猫の年齢を人間年齢に換算してみよう

　これまで見てきたような、順次、繰り返し、条件分岐の基本構造を組み合わせて、さまざまな問題を解決することができます。日常のささいな疑問や事柄を解決する手順を考え、プログラムを書いて実行してみましょう。どんな処理でも、いきなりプログラムを書くのではなく、まずどんな処理をしたら目的が達成できるか、プログラムの流れ（アルゴリズム）を考えることが大切です。

　まずは順次処理について、2人の会話から実行する手順を考えながらプログラムを作成してみましょう。

私は猫が大好きで、家で5匹も飼っているんだけど1歳から15歳までいるのよ。人間でいうとそれぞれ何歳くらいなのかな。

ずいぶんたくさん飼っているんだね。人間の年齢にどう換算すればいいか、ちょっと調べてみようか。

えーと、色々な説があるようだけど、1年で18歳、あとは1年ごとに4歳加えていくと人間換算の年齢がわかるという話があるね。この考えでいくと猫の15歳は人間の年齢でいうと… 約74歳か！

74歳！おじいちゃん猫だったのね。猫の年齢を人間の年齢に換算してみると、猫のことをもっと理解してあげられるかもしれないね。

では、猫の年齢を入力したら、人間の年齢に換算した結果を表示するプログラムを作ってみよう。タクミさんの説明を基に、猫から人間の年齢に換算する式を考えられるかが大事だね。

● 猫の年齢を人間年齢に換算してみよう

　それでは、プログラムの流れについて考えます。今回は単純にするために、猫の年齢は1以上の整数のみ、ということにします。

　まず、**必要な変数**を考えます。「猫の年齢」と「換算後の年齢」を代入する変数が必要です。今回は、英語を基にそれぞれ「cat_age」と「conv_age」としますが、自分がわかりやすいと思う別の変数名でも構いません。ここで使われている「conv」は、「換算」を意味する英単語convertの略語が由来になっています。変数名は、自分だけでなく、他の人がプログラムを読んだときにも意味がわかるようにするよう心がけましょう。一般的には英語を基にした変数名をつ

けることが多いです。

次に、プログラムの動きを想像してみましょう。まず換算したい猫の年齢を「cat_age」**変数に代入**しておきます。

次に与えられた情報から人間年齢に換算する**式を考え**、その値を「換算後の年齢」変数に代入します（与えられている情報：猫年齢の1歳は人間年齢の18歳、あとは1年ごとに4歳加えていくと人間換算での年齢がわかる）。ここで、式を自分で考えてみましょう。

最後に「換算後の年齢」を**表示**すればよさそうです。

このように、「必要な変数」と処理の流れをイメージし、変数名や必要な関数を考えます。以下のように、プログラムを書く前に、簡単な手順を日本語で書いてみることが理解に役立ちます。

処理手順の例

#猫の人間年齢を表示する
- 猫年齢を示す変数に、1以上の整数を代入する。
- 換算年齢 = 18 + （猫年齢－1）*4
- 換算年齢を表示する。

これを実際にプログラムで書いてみると、次のようになります。

プログラム例

```
#猫の人間年齢を表示する
cat_age =15
conv_age = 18 + (cat_age - 1 )*4
print(conv_age)
```

> 「#」はコメント記号で、処理の内容を示すメモ書きのように使う。#が先頭についた行はプログラム処理上、無視される。

実行結果

74

COLUMN

コメント

プログラムの1行目に「#（**ハッシュ**）」記号があります。#記号の後に続くテキストは、行の終わりまでコメントとして扱われます。コメントはプログラムの実行には影響しませんが、以下のような目的で広く用いられます。

- **コードの説明**：ある場所のコードが何をしているのか簡単なタイトルや説明を書いておくことで、他の人々もプログラムの意味がわかりやすくなります。
- **デバッグ**：プログラムのエラーが起きた時など、行頭に#をつけることでその行の処理が行われなくなります。これを利用することで、プログラムのどこでエラーが起きているかを特定しやすくなります。なお、エラー（BUG：バグ）を取り除く作業をデバッグと言います。

1.4 猫5匹の人間換算年齢を表示してみよう

　1.3では、順次構造のみでプログラムを作成しましたが、同様の処理を何度も行う場合、繰り返し処理を使うことで、プログラムを短く、わかりやすく書くことができます。ここでは、リスト内の要素に対して、同じ処理を繰り返すfor文について学びましょう。

 猫の年齢を人間年齢に換算するプログラムはできたけど、これだと5匹の猫の年齢を調べるのに5回実行しないといけないね。うちの猫は1、3、6、10、15歳なんだけど、全員分知りたいな。

 うん。いっぺんに5匹分の結果を表示するにはどうすればいいんだろう…。

 では、リストを使って繰り返しのプログラムにしてみよう。処理の仕方は変わらないから、さっきの処理を繰り返せばいいんだ。

● リストを使った処理

　このプログラムでは、**リストとfor文を使って繰り返し処理**をします。計算の方法は1.3で説明したとおりですので、新たにリスト名を決めてデータを格納することと、そのリストの要素を順番に処理していくfor文を書けばよいことになります。今回リスト名は「cat_list」としますが、別のわかりやすい名前をつけても構いません。

　手順を書くとき、繰り返し部分はプログラムと同じようにインデントをつけておくとプログラムを書く際にわかりやすくなります。

処理手順の例

#猫の人間年齢をリストで処理する
- 5匹の猫の年齢リストを定義する。リストの要素は［1,3,6,10,15］
- iを0から4まで1ずつ増やしながら繰り返す：
  - ▶ 換算年齢 ＝ 18+（猫年齢リスト［i］－1）*4
  - ▶ 猫年齢, 人間換算年齢を表示する。

　手順が作れたら、プログラムを書いて実行してみましょう。なお、繰り返す部分はインデントをつけて頭を揃えて書きます。実際にプログラムを書く際には、forの文末、「：」のところで

Enter キーを押すと自動的にインデントがつくはずです。繰り返しの処理を抜けて行頭に戻りたいときには「BS（バックスペース）」キーを押します。

プログラム例①

```
# 猫の人間年齢をリストで処理する
cat_list = [1,3,6,10,15]
for i in range(5):
    conv_age = 18 + (cat_list[i] - 1 )*4
    print('猫年齢:', cat_list[i] ,'人間年齢 : ', conv_age)
```

実行結果

```
猫年齢: 1 人間年齢： 18
猫年齢: 3 人間年齢： 26
猫年齢: 6 人間年齢： 38
猫年齢: 10 人間年齢： 54
猫年齢: 15 人間年齢： 74
```

プログラム例①では、**range 関数**を使い、range（5）つまり、0,1,2,3,4 の範囲を作成して**カウンタ変数**「**i**」に順番に代入していきます。これを cat_list[i] として、カウンタ変数である「i」をリストの**インデックス（添字）**として利用しています。このようにカウンタ変数をリストのインデックスとして利用する方法は、よく使われる方法ですので、しっかり理解してください。

カウンタ変数は今回「i」としていますが、他の名前にしても構いません。ただし、さまざまなプログラミング言語で、for 文のカウンタ変数には「i」が使われています。これには index や integer（整数）の頭文字だからとか、歴史あるプログラミング言語の決まりであったからなど諸説あります。「i」は主に整数が入る時のカウンタ変数として使うのが一般的です。

プログラム例②（参考）

```
#猫の人間年齢をリストで処理する
cat_list = [1,3,6,10,15]
for cat_age in cat_list:
    conv_age = 18 + (cat_age - 1 )*4
    print('猫年齢:', cat_age ,'人間年齢:',conv_age)
```

プログラム例②では、range 関数を使わず、リストの要素（猫の年齢）を順番にカウンタ変数「cat_age」に代入して処理しています。カウンタ変数も処理の中で通常の変数のように使うことができます。カウンタ変数は「i」のままでも構いませんが、猫の年齢が格納される変数という意味を考えると「cat_age」がふさわしいでしょう。

結果は①と同じですが、それぞれのプログラムの処理の仕方の違いを確認しておきましょう。

まとめ

◆ for 文（繰り返し）

例

```
for i in range(10):
    x = i +1
    print(x)
```

・「range(10)」は 0 ～ 9 の整数範囲（10 個）を生成する。
・カウンタ変数に、リストや range オブジェクトの要素が先頭から順に 1 つ代入され、インデント部分の処理が行われる。
・処理が終わると、リストや range オブジェクトの次の要素がカウンタ変数に代入され、また処理が行われる。
・リストや range オブジェクトの要素がなくなるまで処理が繰り返される。

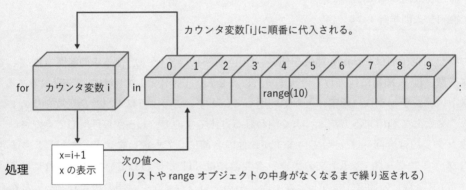

カウンタ変数「i」に順番に代入される。

for　カウンタ変数 i　in　| 0 | 1 | 2 | 3 | 4 | 5 | 6 | 7 | 8 | 9 |　：
range(10)

処理

```
x=i+1
x の表示
```

次の値へ
（リストや range オブジェクトの中身がなくなるまで繰り返される）

（インデントをつけて記述する）

この例では、0 から 9 までが順に i に代入され、処理が 10 回繰り返される。最初の i は 0 なので、0+1 が x に代入され、x である「1」を表示し、次のループに移る。2 回目は i に 1 が代入されているので、処理結果は x =1+1、x である「2」を表示する。以降同様に、i が 9 になるまで処理が続く。結果として 1 ～ 10 の整数が表示されることになる。

◈ range 関数

```
range(start, stop, step)
      最初        差分
           終わり（この値「未満」の整数まで）
```

start は省略すると 0、step は省略すると 1 となる。

stop は省略できない。

小数は指定できない。

例：range(5)　　→　0,1,2,3,4

　（）内の数値は 1 つしかないので、「stop」値のみ指定していることになる。

　range(0,5,1) と書くことと同じ。

　結果的に（）内の個数となる。

例：range(5,20,5)　　→ 5,10,15

　5 から始まり、20 未満の整数まで、差分を 5 とする範囲を作る。結果に「20」
　は含まれないことに注意。

問題

解答は 88 ページ

期末テストの 5 教科の結果が 67, 46, 86, 75, 58 点だった。

5 教科の合計点を for 文を使って求めなさい。

（1）リストのインデックス番号を使う場合

（2）リストの要素をそのままカウンタ変数に読み込む場合

1.5 | 数当てゲームを作ってみよう

　1.4で繰り返し処理を学びました。次は繰り返し処理を使った簡単なゲームを作ってみましょう。毎回同じパターンならないように、ランダム性があるとゲームらしくなります。乱数を使って、毎回異なる答えとなるゲーム作成に挑戦してみましょう。

 プログラムで何かゲームを作ってみたいなぁ。

 いいね！ 出来上がったら私にも遊ばせて。先生、はじめに作るゲームとしてどんなものが考えられますか？

 そうだね、ゲームといえば乱数を使うことが多いね。条件分岐も必須だろう。if文とrandomモジュールを使えばゲームのようなものが作れると思うよ。

 ではまず練習として1から5までの数を当てることにして、「あたり」か「はずれ」の結果だけを表示するプログラムを書いてみよう。

● 乱数を使った数当てゲーム

　このゲームでは、**乱数**を扱います。Pythonで乱数を使うには、まず**randomモジュール**を読み込む（インポートする）必要があります。今回はランダムな整数を作るのでrandomモジュール内のrandintという関数を使うことになります。

　では、プログラムの流れを考えましょう。

　プログラムが実行されたら、まずrandint関数を使って、1から5までの間で1つ整数を作り、変数「kotae」（答え）に代入します。

　次に、「1から5までの数を当ててください」という説明と共にキーボード入力ができるようにします。入力には**input関数**を使います。

> モジュールとは、プログラムに追加で読み込むことのできる便利な機能をセットにしたようなもの。
> randomモジュール以外にも、数学の計算を便利にするmathモジュールや、日付や曜日を簡単に扱えるcalendarモジュールなどもある。

Python3では、inputで入力されたデータはすべて**文字列型（str）**となります。「3」と入力してもあくまで「文字」としての'3'、つまり「数字」として扱われます。これに対し、randint関数で作られるのは整数であり「数値」です。数値の3と数字の3は区別されるので、「同じ値」と判定されません。そこで、入力した「文字（数字）」データをint関数を使って整数に変換します。これを「yosou」（予想）という変数に代入しましょう。

最後に判定です。もし「kotae」と「yosou」が等しければ「あたり」と表示し、そうでないなら「はずれ」と表示します。最後に「kotae」も表示しましょう。

この流れを処理手順としてまとめます。自分でも書いてみましょう。

処理手順の例

\#はじめての数当てゲーム

● randomモジュールをrdという別名をつけて準備する（インポート）

● 「kotae」に1〜5までのいずれかの整数を代入

● 「yosou」にinput関数で入力された数字を整数に変換して代入 ← 入力された文字としての「数字」を数値として「整数」に変換する。

● もし「kotae」と「yosou」が同じなら：

  ▶ 「あたり」と表示

● そうでないなら：

  ▶ 「はずれ」と表示

● 「答えはkotaeでした」と表示

プログラム例

```
# はじめての数当てゲーム
import random as rd
kotae = rd.randint(1,5)
yosou = int(input('1から5までの数を当ててください'))
if kotae == yosou:
    print('あたり')
else:
    print('はずれ')
print('答えは',kotae,'でした')
```

モジュール内の関数は、「モジュール名.関数名」と書く必要がある。random モジュール内の randint() 関数を使うとき、random.randint()
だと長いので random モジュールをインポートするときに、「rd」という別名でインポートし、この別名を使うことで、rd.randint()
と書くことができる。
別名は「rd」以外でも構わないが、よく使われるモジュールは別名も慣例的に決まっており、random の場合は「rd」とすることが多い。

 すごい！ でも、これだと単なる運のゲームになってしまうね。もう少しゲームらしくするにはどうしたらいいだろう。前に授業で二分探索のことをやったから、それを応用して制限回数を加えてみたら？

 いいね。じゃあ今度は1から32までの数でやってみよう。これなら6回あれば必ず正解を入力できるはずだから、制限回数を6回までにして、外れているときには「もっと大きい数字です」とか「もっと小さい数字です」というヒントを出そう。

COLUMN

二分探索

二分探索とは、データを効率的に探すためのアルゴリズムの1つです。例えば、辞書は「あ」の言葉から順に並んでいます。「プログラム」をいう言葉を調べるとき、「あ」のページから1語ずつ

探すということはしません。真ん中あたりを開いて、「は」のページだったら、それ以前を探す必要はありません。このように、中央付近のデータを調べ、探すべきデータがその前後のどちらに含まれるかを調べ、以後も半分ずつ探すべきデータを減らしていきます。このように、データを半分に絞り込みながら答えを探していく方法が二分探索です。ただし、データが整列している（ソートされている）必要があることに注意してください。

データが N 個のとき、二分探索の最大探索回数は $(\log_2 N + 1)$ 回となります。

例えば 1024 個のデータについて、先頭から 1 個目、2 個目と順番に探していく場合、探すデータがもし 1024 番目であったとしたら、1024 回探索する必要があります。しかし、二分探索を使うと、最大でも $\log_2 1024 + 1 = 11$ 回で必ず見つけることができるわけです。

今回の数当てゲームの場合、32 個のデータの中央付近の「16」と最初に入力し、もし「もっと小さい」と表示されたら答えは 1 〜 15 に絞られます。2 回目には 1 〜 15 の中央の「8」を入力します。「もっと大きい」と表示されたら、9 〜 15 に絞られ、3 回目はその中央の「12」と入力し、以後も同様に続けます。最大でも $\log_2 32 + 1$ である 6 回で必ずあたりを見つけられるはずです。

二分探索を知っていれば、このゲームは必ず 6 回までに当てることができるので、制限回数を 6 回に設定しています。

● 数当てゲームに制限回数を加える

プログラムが実行されたら、まず **randint 関数**を使って、1 から 32 までの間で整数を作り、変数「kotae」(答え) に代入します。当てるまでの回数をカウントしますから、現在が何回目かを格納する変数「kaisuu」を作り、初期値を「0」としておきます。制限回数は「seigen」として、6 を代入します。制限回数を print 文で表示しておきましょう。

プレイヤーは当てるまで繰り返し整数を入力することになりますから、**for 文**を使います。まず、繰り返しの回数に「seigen」を使います。「seigen」の回数を超えてループを抜けた場合には、「kotae」を表示してプログラムが終了します。ループの 1 回目から制限回数までは、**input 関数**で予想した数を入力します。その値を整数に変換してから「yosou」に代入します。ここで、回数「kaisuu」に 1 を加えましょう。

ここから条件分岐の判断をします。

もし、「kotae」と「yosou」が同じなら、「おめでとう！「kaisuu」回で当たりました！」と表示してループから抜けます。「break」でその時点で強制的にループを抜けられます。「kotae」と「yosou」が異なるなら、2 つの変数を**比較演算子**で比較し、それぞれ「もっと大きい（小さい）数です」などと表示しましょう。

処理手順の例

#数当てゲーム

● random モジュールを rd としてインポート

● kotae に 1 〜 32 までのいずれかの整数を代入

● kaisuu に 0 を代入

● seigen に 6 を代入

- ●「制限回数は「seigen」回です」と表示
- ●iをseigen回繰り返す:
  - ▶ yosouにユーザーが入力した値を整数にして代入
  - ▶ kaisuuに1を加えてkaisuuを更新
  - ▶ もしkotaeとyosouが同じなら:
    - ◇「正解！kaisuu回で当たりました」と表示
    - ◇ ループを抜ける ●━━━━━━━━ ┌─────────────┐ ループを抜けるには、「break」を使う。
  - ▶ そうでないなら:
    - ◇ もしkotae>yosou:
      - ◆「もっと大きい数です」と表示
    - ◇ そうでないなら:
      - ◆「もっと小さい数です」と表示
- ●「答えはkotaeでした」と表示

プログラム例

```python
# 数当てゲーム
import random as rd
kotae = rd.randint(1,32)
kaisuu = 0
seigen = 6
print('制限回数は',seigen,'回です')
for i in range(seigen):
    yosou = int(input('1～32までの数を当ててね'))
    kaisuu = kaisuu +1
    if kotae == yosou:
        print('正解',kaisuu,'回で当たりました')
        break
    else:
        if kotae > yosou:
            print('もっと大きい数です')
        else:
            print('もっと小さい数です')
print('答えは',kotae,'でした')
```

> kaisuu = kaisuu +1
> は、
> kaisuu+=1
> と書くこともできる。

> 「kaisuu」変数を使わずに、カウンタ変数「i」だけで回数を表示することもできる。その場合、「i」には
> range(6)
> つまり0～5が順に代入される。
> 回数として表示するには、「i+1回で当たりました」とすればよい。

　このプログラムでは「if」と「else」しか使っていません。ifの条件が「偽」となった場合、elseに行き、そこからまたif文で条件分岐しています。これでも間違いではありませんが、「elif」を使うと、複数の条件を組み合わせた判断ができます。elifは、「そうでないならもし」という意味です。

　次の「まとめ」を読んでから、ifとelif、elseを使ってプログラムを書き直してみましょう。

まとめ

◈ if 文 （条件分岐）

```
x = 7
if x <=5:
    print('5 以下 ')
else:
    print('5 より大きい ')
```

※ if が 1 つしかない場合
x = 7 のとき、x ＜ = 5 の条件は「False （偽）」
となるので、

True の処理 （実行されない）

False の処理 （実行される）

```
x = 1
if x <=1:
    print('1 以下 ')
elif x <=3:
    print('3 以下 ')
elif x <=5:
    print('5 以下 ')
else:
    print('5 より大きい ')
```

※ if と elif の組み合わせの場合
x ＝ 1 のとき、x ＜ = 1 の条件は「True （真）」
となるので、

True の処理 （実行される）

elif は上の if 条件が False となった場合のみ、
判断される。
x=1 の場合、3 以下でもあり、5 以下でもあるが、
最初の if が True となるため、以降の elif と
else は判断されない。

```
x = 1
if x <=1:
    print('1 以下 ')
if x <=3:
    print('3 以下 ')
if x <=5:
    print('5 以下 ')
else:
    print('5 より大きい ')
```

※ if が複数ある場合、すべての if は上から順に
　 それぞれについて判断される。

x ＝ 1 のとき、x ＜ = 1 の条件は「True （真）」
となるので、

True の処理 （実行される）

x ＝ 1 のとき、x ＜ = 3 の条件は「True （真）」
となるので、

True の処理 （実行される）

x ＝ 1 のとき、x ＜ = 5 の条件は「True （真）」
となるので、

True の処理 （実行される）

True があるので、else は実行されない

問題

解答は 89 ページ

おみくじプログラムを作成しなさい。このプログラムでは、0 から 8 の乱数を作成し、以下のように結果を振り分けて、結果を表示することにする。

　0 →大吉

　上記以外の 2 以下 →中吉

　上記以外の 5 以下 →吉

　上記以外の 7 以下 →凶

　それ以外 → 大凶

手順を考え、それを見ながらプログラムを書いて実行しなさい。

ポイント：

9 個の乱数を振り分けることで、結果の出現率を変えている。if・elif 文の条件を正しく書くと、判定は

　0 →大吉

　1,2 →中吉

　3,4,5 →吉

　6,7 →凶

　8 → 大凶

となるので、9 個の乱数を用いて、大吉と大凶は 1/9 と出にくく、中吉と凶は中吉と凶は 2/9、吉は 3/9（1/3）の確率で出現する。

1.6 練習メニューを書き出そう

繰り返し処理は 1.4 で扱いましたが、繰り返しの中にさらに繰り返しがあるような構造を多重ループといいます。多重ループが苦手な人は多いので、構造をよく考えてしっかり理解していきましょう。

 先生、繰り返しの書き方はわかったんですが、繰り返しをさらに繰り返すような、for が何回も出てくる形がどうも苦手です。

 多重ループだね。確かに難しいね。

 多重ループって、つまり「繰り返し」の処理をさらに繰り返すことね。具体的にはどんなことがあるかな。

 そうだな。部活動の練習メニューで腹筋運動を 20 回、それを 3 セットとかやるけど、これって多重ループですよね。

 なるほど、いい例えだね。では各セットごとに 20 回、これを 3 セット繰り返すような形のプログラムを書いてみようか。

● 多重ループの考え方

多重ループは、(A) の繰り返しを 1 つのまとまりとし、それを (B) 回繰り返す、と考えるとわかりやすいでしょう。プログラムを書く際には、(A) の部分から考えたほうが理解しやすいかもしれません。

1-6-1：多重ループの考え方

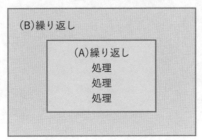

今回のプログラムの場合、(A) は腹筋を 20 回繰り返すことを、(B) は (A) を 3 回繰り返す（3 セット行う）ことを指しています。また、実行時のイメージは次のような感じです。

　1 セット目
　　1
　　2
　　　 :
　　20
　2 セット目
　　1
　　2
　　　 :
　　20
　3 セット目
　　1
　　2
　　　 :
　　20

まずは、for 文で、1 から 20 までを表示する（A）の部分を書きます。

（A）の部分の繰り返し
● i を1から20まで1つずつ増やしながら繰り返す:
　▶ 「i」を表示する

（B）はセット数の表示で、1 から 3 セットを表示します。

（B）の繰り返し部分の中に(A)が入る
● j を1から3まで1つずつ増やしながら繰り返す:
　▶ 「j」セット目と表示する
　▶ （A）の処理全体

これをまとめて手順を書くと次のようになります。インデントに注意しましょう。

#腹筋20回3セットを表示するプログラム

● jを1から3まで1つずつ増やしながら繰り返す:

    ▶ jセット目と表示

    ▶ iを1から20まで1つずつ増やしながら繰り返す:

       ◇ 「i」を表示する。

　range 関数の使い方によって書き方が異なります。どちらでも構いません。カウンタ変数に入る値の違いをしっかり理解しましょう。

プログラム例①

```
# 腹筋20回3セットを表示するプログラム
for j in range(1,4):
    print(j,'セット目！')
    for i in range(1,21):
        print(i, '回')
```

> range(1,4)
> とすることで、「i」に入る範囲を [1,2,3] にしている。

プログラム例②

```
# 腹筋20回3セットを表示するプログラム
for j in range(3):
    print(j+1,'セット目！')
    for i in range(20):
        print(i+1, '回')
```

> range(3)
> として 3 回繰り返す。
> j に入るのは [0,1,2] のため、セット数を表示する際には 1 を加える。

　実際にプログラムを書いて実行してみましょう。

●「☆」を並べてみよう

　二重ループについて、もう少し練習してみましょう。
　以下のように、「☆」を横に 7 つ、5 行表示するにはどうすればよいでしょうか。

☆☆☆☆☆☆☆
☆☆☆☆☆☆☆
☆☆☆☆☆☆☆
☆☆☆☆☆☆☆
☆☆☆☆☆☆☆

「繰り返しを使って☆を7つ並べるプログラム」を5回繰り返せばよさそうです。まず、☆を7つ横に並べるプログラムについて考えます。print文は通常改行を含んでいます。print（表示内容,end='')（最後はシングルクォーテーション2つ）とすることで改行せずに表示します。

プログラム例

```
# ☆を7つ並べる
for j in range (7) :
    print ('☆',end='')
```

このプログラム全体を、for文で5回繰り返す処理内容とすればよいわけです。インデントの位置に注意しましょう。カウンタ変数はなんでも構いません。

プログラム例

```
# ☆を7つ並べるプログラムを5回繰り返す
for i in range (5) :
    for j in range (7) :
        print ('☆',end='')
```

これでよいように思いますが、このままだとすべての改行が行われないので、以下のように☆が35個1行に並んでしまいます。

☆☆☆☆☆☆☆☆☆☆☆☆☆☆☆☆☆☆☆☆☆☆☆☆☆☆☆☆☆☆☆☆☆☆☆

上記のプログラムを改良します。星が7つ書かれた時点で、空のprint文を入れることで改行のみ行います。

プログラム例

```
# ☆を7つ並べるプログラムを5回繰り返す
for i in range (5) :
    for j in range (7) :
        print ('☆',end='')
    print ()
```

今回は二重ループを練習するためにこのような書き方をしましたが、実際には文字列の演算を使うことで同様の処理が可能です。

プログラム例

```
for i in range(5):
    print('☆' * 7)
```

まとめ

◆多重ループ

例：1,2,3 学年に対し、A,B,C,D,E 組がある。クラスと学年のすべての組み合わ
　　せを表示する。

プログラム例

```
for gakunen in ['1年','2年','3年']:
    for kumi in ['A組','B組','C組','D組','E組']:
        print(gakunen, kumi)
```

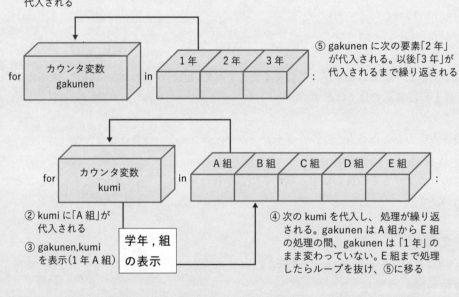

① gakunen は最初に「1年」が
　代入される

⑤ gakunen に次の要素「2年」
　が代入される。以後「3年」が
　代入されるまで繰り返される

for　カウンタ変数 gakunen　in　1年／2年／3年　:

for　カウンタ変数 kumi　in　A組／B組／C組／D組／E組　:

② kumi に「A組」が
　代入される

③ gakunen,kumi
　を表示(1年A組)

学年,組
の表示

④ 次の kumi を代入し、処理が繰り返
　される。gakunen は A 組から E 組
　の処理の間、gakunen は「1年」の
　まま変わっていない。E 組まで処理
　したらループを抜け、⑤に移る

問題

解答は 90 ページ

（1）先ほどの腹筋運動のプログラムを改良して、腹筋、背筋、腕立て伏せのそれぞれについて、1セットにつき20回を3セット行うようにしなさい。腹筋20回を3セットカウントしたら、次に背筋を20回3セット、さらに腕立て伏せを20回3セットカウントする。腹筋、背筋、腕立て伏せを種目名リスト「event_list」の要素にしてプログラムを書くこと。

●実行イメージ
腹筋
1セット目
　1
　2
　：
3セット目
　：
背筋
1セット目
　1
　2
…
（背筋3セット目が終わったら同様に腕立て伏せを表示）

（2）1の段から9の段までの掛け算九九の結果を二重ループを使って表示しなさい。

　出力例：
　1
　2
　…
　72
　81

1.7 | 当たりが出るまでに何回かかる？

　これまで、for 文の繰り返し処理のプログラムを書いてきましたが、回数があらかじめ決められない場合はどうするのでしょうか。Python には条件を与えて、その条件を満たしている間だけ処理を繰り返す while 文があります。while 文について学んでいきましょう。

 「当たりが出たらもう 1 本」もらえるアイスがあるよね？ あの当たる確率って 4% らしいんだ。25 本買えば 1 本は当たる確率なのに、今までに 1 度も当たったことがないんだ。これまでに何十本も買っているのに。

 あらら、それは残念。私は当たったことあるよ。でも確率だから、なかなか当たらないこともあるし、もしかしたら次に買ったときに当たるかもしれないよね。

 今後、何回目で当たりが出るかな。どちらが先に当たるか勝負しよう！

 そんな勝負でお腹でも壊したらいけないから、プログラムでシミュレーションしてみたらいいんじゃないかな。

● 当たりくじが出るまでの回数を調べる

　では早速、アイスの当たりが出る確率を求めるプログラムを書いていきましょう。

 プログラムには乱数を使って、当たりが出るまでに何回かかるか試してみよう。

 繰り返し処理でできそう。当たりが出るまでに何回かかるかわからないけど、繰り返し回数は何回に設定すればいいんだろう。

 100 回も繰り返せば最低 1 回は当たるんじゃない？

それだと当たりが1回目で出たとしても毎回必ず100回くじを引くことになってしまうし、100回以内で当たらない場合もあり得るね。今回は当たるまで繰り返せばいいのだから、while文を使ってみよう。条件を作って、「その条件の間くり返す」という文にすればいいんだよ。これなら当たりが出た時点で繰り返しを抜けられるね。

今回も**乱数**を使うので、**randomモジュール**をインポートしておきます。

くじが何回目で当たるかを求めたいので、**くじを引いた回数を示す変数**が必要です。今回はcountの略として変数名を「cnt」として初期値を0にしておきます。

当たりが出る確率は4%ですから、1から25までの乱数を作って、そのうちの1つの数値を当たりとすればよいでしょう。数字はなんでも構いませんが、今回は「1」を当たりとすることにします。

乱数を格納する変数は、numberの略として「num」とします。

乱数を生成するたびにcntに1を加えて今が何回目であるかを記録します。

while文は「条件を満たす間」繰り返します。つまり、条件は「numが1ではない」となります。「ではない」には演算子「!=」を使います。条件を外れたら（つまり、1が出たら）繰り返しを抜けることになります。

繰り返しを抜けたら、回数を格納しているcntをprint文で表示します。

処理手順の例

#当たりが出るまでの回数
- ●randomモジュールをrdとしてインポート
- ●変数cntに0を代入
- ●numに0を代入
- ●numが1ではない間くり返す：
    - ▶ 現在のcntに1を加えてcntに代入
    - ▶ 1から25までの乱数を作りnumに代入
- ●cntを表示

繰り返しに入る前、numに0を代入する必要はないように思うかもしれませんが、while文の条件である「numが1でない間」の前にnumを定義しておかないとエラーになってしまいます。初期値に「1」を定義してしまうと繰り返し処理は1回も行われなくなりますので、今回は、numの初期値はくじの番号に存在しない「0」を代入しています。

> numに0を代入する代わりに、「値がない」を意味する「None」を代入してもよい。

また、「もしnumが1なら」というif文が必要になるような気もするかもしれませんが、今回のwhile文を使った場合プログラムは、「1でない間、繰り返す」ので、言い換えると「1になったら繰り返しを抜ける」という条件が含まれています。そのため、if文は不要です。

◉ 当たるまでの平均の回数を求める

 できたね！やってみましょう。私は 13 回目で当たったわ！タクミさんは？

 51 回目・・・。やっぱり僕はついていないのかなぁ。

 いやいや、それはたまたまだろう。せっかくシミュレーションしているのだから、これを 100 回繰り返して、最初に当たるまでの回数の平均を出してミライさんと比べてみたら？多分 2 人とも平均 25 回目くらいに落ち着くはずじゃないかな。

 よし！やってみよう。当たるまでの回数を、100 回分全部足す total って変数を作って、最後に 100 で割ればよさそうだな。こうかな？

あれ？？なんか変だな…何度やっても平均が89回とか5回とかちょっと偏りすぎている気がする。こんなことあるかな・・

 うーん。一緒にもう一度よく見直してみようよ。

 あっ！ cnt の位置がおかしくない？当たりが出るまでくり返したら、cnt は0に戻してから次のシミュレーションを始めないと。この位置だと、cnt の数は毎回どんどん加算されていっちゃうんじゃない？

 num も当たりが出るたびに毎回リセットしないと。一度「1」が出たら次の繰り返しの前に num「0」または「None」の初期値に戻しておかないと、num が「1」以外のときに実行する While 文の処理が実行されなくなっちゃう。

 うん。その通りだね。while の繰り返しを抜けて、次の for 文の繰り返しに戻ったところで、cnt も num もリセットする必要があるね。プログラム自体はエラーが出なかったとしても、意図した通りに処理されていないこともあるからね。そのまま信じ込まずに、何度か試して結果がおかしいなと思ったタクミさんはえらいよ。

 なるほど。そうか。よく考えてみたらそうですね。変数の値の動きを考えながらプログラムの流れを見直してみることが大事ですね。
cnt と num を「0」に定義する場所を正しい位置に直さなくちゃ。

問題

解答は 91 ページ

（1）タクミさんのプログラムをデバッグ（間違いを取り除く作業）して、くじが最初に当たるまでの回数 100 回ぶんの平均値を求める正しい手順に直しなさい。

（2）手順ができたら、実際にプログラムを実行して、結果を確かめなさい。結果は理論値であるおよそ 25 回程度になるはずである。
その後、当たる確率を色々変えて、理論値に近くなるか確かめなさい。

1.8 | 同じ処理を何度も使うには（ユーザー定義関数）

　プログラムで利用する関数は、自分でも作ることができます。同じ処理を何度も使うような場合は、ユーザー定義関数を作ると便利です。ユーザー定義関数の作り方を学んでいきましょう。

この前のテストの結果どうだった？ プログラミングの練習も兼ねて、テストの合計点を求めるプログラムを書いたんだけど、不思議に思うことがあってね。

リストの足し算ね？ うん。それなら繰り返し処理のいい練習になりそうだね。

◉ 自分で関数を定義する

　以下は、タクミさんが作成した、リストの添字を使った繰り返し処理で合計点を計算するプログラムです。タクミさんが不思議に思っていることを考えてみましょう。

タクミさんの書いたプログラム①

```
takumi = [35,36,85,53,65]
total = 0
for i in range(5):
    total += takumi[i]   #total = total + takumi[i]と同じ
print(total)
```

正しく計算できるね。で、何が不思議なの？

例えばこの同じ計算を何人かのリストに対して行いたいんだ。ミライさんのリストを追加して2人の合計点を出すときに、こんな感じにしたんだ。だけど、ほとんど同じような計算なのに、人数分同じようなプログラムを書かなきゃならないのかな、って思ったんだ。

タクミさんの書いたプログラム②

```
takumi = [35,36,85,53,65]
mirai = [76,65,83,59,56]

total = 0
for i in range(5):
    total += takumi[i]
print("takumi",total)

total = 0
for i in range(5):
    total += mirai[i]
print("mirai",total)
```

 なるほど。確かにね。リスト名を変えるためだけに何度も同じようなプログラムを書くのはなんだか非効率だよね。もっと効率よいやり方がありそう。

 2人ともいいところに気がついたね。それでは、今日は「ユーザー定義関数」を作ってみよう。

　関数は自分で作ることもできます。これを**ユーザー定義関数**といいます。目的に応じたユーザー定義関数を作っておけば、同じような処理を行うときに簡単に利用することができます。今回の場合は、「リストの値をすべて足し算する」という関数を作っておくことで、リストがたくさんあっても関数を使って簡単に処理が行えます。

> Pythonには、簡単にリストの合計値を求めるsumという関数があるが、ここではあえて同じ機能の関数を自分で作ることにする。

● ユーザー定義関数を作る

　テストの点数を合計する関数を作る前に、まずは簡単な関数を作ってみましょう。

　実行すると「Hello」と3回表示される関数です。**関数の定義にはdefというキーワード**を使います。defは英語の「定義（definition）」の略です。自分で関数の名前を決めて「()」をつけます。今回は「hello3」という名前にします。関数の中身のコードはインデントをつけて書く決まりがあります。

関数の定義

```
#Helloと3回表示する関数
def hello3():
    for i in range(3):
        print('Hello')
```

このプログラムは実行しても、何も起こりません。関数を作っただけでは、関数自体は実行されないからです。関数を定義した部分の下に以下のコードを入力して関数を実行してみましょう。関数の実行は、関数名を記述するだけです。（）をつけるのを忘れないようにしましょう。

```
hello3()
```

```
Hello
Hello
Hello
```

カッコの中は空ですが、この「hello3」関数には与えるべきデータがないので、空のままで実行します。**カッコに入れるデータは引数**といい、処理の中で使うデータを変数として指定することができます。**,（カンマ）で区切って複数の引数を指定**することもできます。

◉引数を利用して三角形の面積を求める関数を作る

では、引数を指定する関数として「底辺」と「高さ」を引数として指定すると三角形の面積を求める関数を作ってみましょう。三角形は triangle なので、関数名は「tri_menseki」にすることにします。変数を使った計算式を関数として定義しておき、実際のデータは関数の実行時に引数として与えます。

```
#底辺と高さを引数として三角形の面積を求める関数
def tri_menseki(teihen,takasa):
    return teihen * takasa / 2
```

この関数は処理の中に print 文がありません。関数の中で結果は表示せず、この関数で求められた計算結果を値として返す形になっています。この値を**戻り値**といいます。

「return」は、関数の結果として、戻り値を返すための命令です。今回の「tri_menseki」関数の戻り値は、三角形の面積の計算結果の値、ということになります。

戻り値は**他の変数などに格納**することができます。

この「tri_menseki」関数は teihen と takasa という 2 つの引数を必要とします。カッコの中に、底辺が 5、高さを 3 と指定して実行してみましょう。引数に (5,3) と指定することで、teihen ＝ 5, takasa= 3 として tri_menseki 関数が実行されます。

```
tri_menseki(5,3)
```

　Google Colaboratory では親切に戻り値を表示してくれますが、本来このままでは結果は表示されません。今回の関数に「print」はないからです。表示はされませんが、戻り値が返ってきているはずです。print 関数を使って結果を表示しましょう。

関数の実行

```
print(tri_menseki(5,3))
```

実行結果

```
7.5
```

●引数の値を3乗した結果を返す関数を作る

　次に引数を3乗する「cube」という関数を作ってみましょう。戻り値は、いったん変数「ans」に格納し、それを表示してみましょう（cube は英語で立方体という意味のほか、3乗という意味もあります。立方体の体積は3乗することで求められるからです）。

関数の定義と実行

```
def cube(data):     #関数名をcube、引数をdataとして関数を定義する
    return data ** 3     #引数dataを3乗した結果を戻り値として返す

ans = cube(5)       #引数dataに5を指定してcube関数を実行し、戻り値を変数ansに代入
print(ans)          #ansを表示
```

実行結果

```
125
```

●リストの合計を求める関数を作る

　それでは、この節の目的である、リスト内の要素を合計する関数を作ってみましょう。
関数名は「goukei」、引数にはリストが入るので、「li」（list の略）という引数を指定することにします。リストの長さ（要素数）は　len(リスト名)　で取得できます。

処理手順の例

```
#リストの合計を求めるユーザー定義関数を作る
●関数をgoukei(li)として定義：
  ▶ totalは0
  ▶ iを 0 から1ずつ増やしながらliの長さぶん繰り返す：
      ◇totalにli[i]を加えてtotalを更新
  ▶ 戻り値としてtotalを返す
```

```
#合計したいリストを用意し、関数を実行する
takumi = [35,36,85,53,65]
mirai = [76,65,83,59,56]
goukei(takumi)を表示する
goukei(mirai)を表示する
```

プログラム例

```
#リストを合計する関数
def goukei(li):
    total = 0
    for i in range(len(li)):
        total = total + li[i]    #total += li[i]でもよい
    return total


#2人のリストを定義する
takumi = [35,36,85,53,65]
mirai = [76,65,83,59,56]
#goukei関数を2人のリストに対して実行する
print(goukei(takumi))
print(goukei(mirai))
```

実行結果

```
274
339
```

●関数を使ってプログラムを整理する

　今まで見てきたように、関数は自分で作ることができます。ユーザー定義関数は色々なメリットがあります。

　まず**「再利用性」が高くなる**ことがあげられます。値を変えて、何度も同じ処理をする場合に便利です。また、再利用する際にも引数を指定できるため、毎回処理の中で使う値を変えることができます。それから処理が複雑になってきたときに、関数で処理のまとまりを分けておけば、**どこでエラーが起きているか**もわかりやすくなります。さらに大事なのは、関数として処理をまとめておくことで、**プログラムが整理されて読みやすく**なるということです。

　僕は多重ループが苦手だと話しましたけど、関数を使えばわかりやすくできそうですね。

　その通りだね。プログラムの動きとして多重ループを理解することは大切だけれど、より読みやすい、わかりやすいプログラムを書くこともとても大事なことだね。

じゃあ二重ループを、関数を使って書き直してみようよ。

では、多重ループのプログラムをおさらいしておきましょう。1.6で扱った「腕立て伏せ10回を3セット」のプログラムです。まずは二重ループのプログラムを書いて実行してみましょう。

プログラム

```
#二重ループの場合
for j in range(1,4):
    print(j,"セット目")
    for i in range(1,11):
        print(i,"回")
```

1回～10回までをカウントするのが内側のループ、このループを3回外側のループで繰り返す二重ループのプログラムになっています。

このプログラムは間違いではありませんが、よりわかりやすくするために関数を使って書き直してみましょう。上記のプログラムは「10回のカウント」を「3回繰り返す」ので、「10回のカウント」部分を関数にしてみます。関数名は「udetate（腕立て）」にすることにします。まずは引数なしで関数を定義してみましょう。

プログラム

```
#udetate関数の定義
def udetate():
    for i in range(1,11):
        print(i,"回")
```

では、udetate関数を実行してみましょう。

プログラム

```
udetate()
```

実行結果

```
1回
2回
3回
…
10回
```

10回のカウントを行う関数ができました。

では、先ほどの udetate 関数を3回繰り返すプログラムを追加しましょう。

```
#udetate関数の定義
def udetate():
    for i in range(1,11):
        print(i,"回")
#udetate関数を3回繰り返す（追加する部分）
for j in range(1,4):
    print(j,"セット目")
    udetate()
```

繰り返す度に、セット名を表示したうえで udetate 関数を実行しています。二重ループと全く同じ結果になりました。

このように、プログラムの記述量は少し増えますが、プログラムの処理をまとまりとして分割し関数にすることで、プログラムを整理して全体をよりわかりやすく記述することができるのです。

問題　　　　　　　　　　　　　　　　　　　　　　　　　　　　　解答は 92 ページ

（1）リストの平均点を求める heikin 関数を作成して、先ほどのテスト結果の平均点も求めなさい。手順を考え、できたら実際にプログラムを書いて試しなさい。

（2）腕立て伏せの1セットの回数を引数として指定する fukkin（腹筋）関数を作り、これを5セット繰り返すプログラムを作成しなさい。

例えば

fukkin(15)

として実行すると、15回のカウントをする。セット数を表示して、これを5回繰り返す。

COLUMN

sum 関数

　本文で、リストを合計する goukei 関数を定義しました。しかし、実は Python にはリストの要素を全て合計する **sum 関数**があらかじめ用意されています。

　試しに、先ほどのリストの合計を sum 関数を使って求めてみましょう。使い方は、引数としてリストを指定するだけです。

```
#2つのリスト
takumi = [35,36,85,53,65]
mirai = [76,65,83,59,56]
#sum関数を使ってリスト内の要素を合計する
print(sum(takumi))
print(sum(mirai))
```

実行結果

```
274
339
```

　先ほどの goukei 関数を同じ結果になりました。これを使えばいいじゃないかと思われるかもしれません。確かにその通りです。

　しかし、共通テストでは「あらかじめ用意されている関数」をどれだけ知っているかが問われるわけではありません。処理を組み合わせることにより、目的をどうやって実現するか、という考え方が問われます。今回の場合は、「合計値を求めるために、リストの要素を1つずつ取り出し、合計値に加えながら要素がなくなるまで繰り返す」という処理でリストの値が合計され、それを1つのまとまりとして関数にする、という流れを理解してもらうためにこのような題材にしました。実際に共通テストのサンプル問題でも同様に、リストの足し算処理が取り上げられています。

　実際のプログラミングの現場では、多様な関数を使ってなるべく簡単に処理することも大事ですが、共通テストではプログラムの基本である「処理の流れ」をしっかり理解することが問われているのです。

1.9 多人数じゃんけんのシミュレーション

ここから2節にわたって、これまでのまとめとして、少し複雑なプログラムを作成していきます。この節ではシミュレーション結果をグラフに表示することも学んでいきましょう。

プログラムって人間では実行できないくらい多くの処理が瞬時にできてすごいですよね。

膨大な計算を行うのはコンピュータの得意分野だからね。では、これまでの経験を活かして、何かシミュレーションのプログラムを作ってみよう。何かテーマはあるかな？

この前、みんなで清掃分担をじゃんけんで決めようとして、全然勝負がつかなかったって言っていたよね。それを試してみたら？

4、5人ならいいんだけど、人数の多いじゃんけんってあいこばかりで時間がかかりすぎてしまって。一体何人くらいなら現実的な回数で勝負がつくのかな。それを試してみたいです！

● じゃんけんの判定を行う

じゃんけんは**乱数**を使ってシミュレーションできます。まずは2人のじゃんけんを1回行って、勝負がついたかどうかを判定する仕組みを考えてみましょう。勝負がついたのか、あいこなのかをどんな条件で表現したらいいか考えていきます。

まず、じゃんけんの手は乱数で作るので、**数値**にしておいたほうがよさそうです。リストとして [グー , チョキ , パー] を用意し、添字と対応させて0をグー、1をチョキ、2をパーとして扱うのが便利でしょう。

random モジュール内の **randint 関数**を使って、0,1,2のいずれかの数値を2つ生成し、hand1 と hand2 という変数に代入します。この数値を**添字**として使い、2つの「手」も表示しておきましょう。

今回はどちらが勝ったのかは関係がなく、あいこなのか、勝負がついたのかだけを判定します。2人のじゃんけんの場合、あいことなるのは同じ手を出したときだけです。つまり、hand1 と hand2 が同じ値であればあいこ、そうでなければ勝負がついたと判定できます。

処理手順の例

#2人のじゃんけんで勝負がついたか判定する

- ●randomモジュールをインポート
- ●リスト名「hands」に、グー、チョキ、パーを定義
- ●hand1にrandint関数で0,1,2のいずれかを代入
- ●hand2にrandint関数で0,1,2のいずれかを代入
- ●hand1をじゃんけんの「手」として表示
- ●hand2をじゃんけんの「手」として表示
- ●もしhand1とhand2が同じ値なら:
  - ▶「あいこ」と表示
- ●そうでなければ:
  - ▶「勝負あり」と表示

プログラム例

```
import random as rd
hands = ['グー','チョキ','パー']


hand1 = rd.randint(0,2)
hand2 = rd.randint(0,2)
print(hands[hand1])
print(hands[hand2])


if hand1 == hand2:
    print('あいこ')
else:
    print('勝負あり')
```

◉2人じゃんけんを100回繰り返す

　じゃんけんの判定プログラムができたら、これを何回も繰り返してみましょう。回数は簡単に変更できるように kaisu という変数にしておきます。勝負がついた回数とあいこの回数をそれぞれ格納する変数を作ってそれぞれの結果を数えましょう。グー、チョキ、パーの表示とあいこ、勝負ありの表示はもう使わなくてよいでしょう。リストは処理に使っていませんが、「#」をつけてコメントとして一応残しておきます。

　理論値で言うと2人のじゃんけんの手の組み合わせは全部で9通り、あいこになるのは3通りですから、あいこは33.3%くらいになるはずです。シミュレーション結果として、確率も表示してみましょう。

#2人のじゃんけん100回の判定

●randomモジュールをインポート

#リスト名「hands」は、コメントとして残しておく

●変数aikoを0で定義　　　　#「あいこ」の数を数える変数

●変数syoubuariを0で定義　#「勝負あり」の数を数える変数

●kaisuを500で定義

●iを0から499まで1ずつ増やしながらkaisu回繰り返す:

　▶hand1にrandint関数で0,1,2のいずれかを代入

　▶hand2にrandint関数で0,1,2のいずれかを代入

　▶もしhand1とhand2が同じ値なら:

　　◇aikoに1を加えてaikoを更新

　▶そうでなければ:

　　◇syoubuariに1を加えてsyoubuariを更新

●aikoを表示

●syoubuariを表示

●aikoの確率（aiko / kaisu * 100,'%'）を小数点第1位まで表示

　グー、チョキ、パーの表示の print 文および結果の表示は削除します。

　しかし、正しくプログラムが動作しているか確かめたいとき、後でまた使う可能性などもある場合などは、不要な行の先頭に「#」をつけて**コメント**にしておくとよいでしょう。コメントは本来処理の内容を示すメモ書きとして使いますが、プログラムの動作には影響しないので、この性質を利用して実行させない部分をコメントにすることを**コメントアウト**といいます。hands は今回のプログラムで利用しませんが、コメントアウトして念のために残しておきます。

　あいこの確率は、round 関数を使って、小数第1位の桁に丸めます。

```
import random as rd
#hands = ['グー','チョキ','パー']
aiko = 0
syoubuari =0
kaisu = 500
for i in range(kaisu):
    hand1 = rd.randint(0,2)
    hand2 = rd.randint(0,2)
    if hand1 == hand2:
        aiko +=1
    else:
        syoubuari +=1
```

```
print('あいこ',aiko)
print('勝負あり',syoubuari)
print(round(aiko/kaisu *100,1),'%あいこでした')
```

実行結果

```
あいこ 185
勝負あり 315
37.0%あいこでした
```

 できた！だいたい確率どおりの結果だな。3人以上のじゃんけんにするには、さっきのプログラムに hand3、hand4 と必要な人数分だけどんどん追加していけばいいのかな？

 そうしたらもし100人のシミュレーションをするときに変数を100個作る？それは、あんまりいい方法ではなさそうだね。

 そうですよね。変数を100個も作るのはよくないですね。そうだ！そういうときにはリストを使うんですよね。生成した「手」の乱数をリストに人数ぶん追加していくのはどうでしょうか。

 なるほど。5人なら例えば [0,2,2,1,0] みたいなリストにしていくということだね。色々な人数に対応できそうだ。あいこと勝負ありの判定はどうする？

 そうか。あいこの判定も2人のときとは変わりますね。3人以上のときは、全員が同じ手のとき以外に、グー、チョキ、パーがそれぞれ1つ以上あったらあいこになりますね。

 この、あいこかどうかの判定の条件を考えるのが一番大事なところだね。どうやったら実現できるか、じっくり考えてみよう。プログラミングの面白いところは「やりたいことをどんな方法で実現するかを考える」ことなんだ！

 うーん。難しいな。ちょっと考えてみます。

●リストを集合に変換する

 先生、この前のプログラムのあいこの仕組みを考えたんですが、今回は「複数人のじゃんけんで1人だけが勝つ」のを調べるのではなくて、あいこか、そうではないかだけを調べればよいわけです。つまり、全員の手の種類が1種類と3種類のときはあいこで、勝負がつくのは2種類のとき、ということですよね。それって、リスト内の要素が全部で何種類あるか調べる関数があればできそうなんですが。そんな関数ありますか？

おお！それはいいアイデアだ。いい関数があるよ。

集合を作るために **set()** という関数があります。集合は重複した要素が許されないため、重複した要素を持つリストを集合に変換すると、重複した要素を無視できます。

重複した要素のあるリストを、集合に変換してみましょう。

リストの重複を除いて集合に変換するプログラム

sample1 = [1,3,1,2,3,5,1,4,5,5] ●	重複した要素を持つリスト
sample2 = set(sample1) ●	リストを集合に変換する
print(sample1) ●	元のリストの表示
print(sample2)	変換した集合の表示

実行結果

```
[1, 3, 1, 2, 3, 5, 1, 4, 5, 5]
{1, 2, 3, 4, 5}
```

これならどの種類が存在するのかが調べられますね。全員の手を記録したリストを集合に変換して、要素数を len() で調べて、これが2個のとき「勝負あり」、それ以外のとき、つまり1個と3個のときは「あいこ」としてカウントすればよさそうです。

● 3人以上のじゃんけんを判定する

まずは空のリスト「hands_list」を定義します。人数は変数「ninzu」とし、初期値は5とします。複数人数のそれぞれの手（0,1,2のいずれか）をリスト「hands_list」に人数分追加します。

リストに要素を追加するには、**append メソッド**を使います。「リスト名 .append（追加する要素）」と書くとリストに追加できます。

作成したリストを **set 関数**を使って要素の値が重複しない集合に変換し、この集合の要素数を **len 関数**で調べます。この要素数が1または3のときは「aiko」に1を加え、そうでないときは「syoubuari」に1を加えることにします。

まずはこれを1回行うプログラムを手順を考えてみましょう。

メソッドについて

メソッドとは、ある特定のオブジェクトについてのみ使える命令です。関数と似ていますが、関数は独立して使うことができます。例えば、print 関数は「表示（内容）」と書けば、「何を」「どうする」かは明らかなので、どんなときにでも使えます。しかし、append は「追加（要素）」と書くだけでは、「何に」追加するのかわかりません。「このリストに」.「追加（要素）」と対象をはっきりさせる必要があります。このように、「append」は、単体では利用できず、リストというオブジェクトについてのみ有効な命令です。このように、特定のオブジェクトに「.」をつなげて書く命令のことをメソッドと言います（ここではあまり深く考える必要はありません）。

例えば、他にも「文字列」オブジェクトに対してのみ使えるメソッドとして、小文字を大文字に変換する upper や大文字を小文字非変換する lower メソッドなどがあります。upper メソッド、lower メソッドには引数はありません。

例：
komoji = 'test'
print(komoji.upper())
結果：TEST

処理手順の例

```
#複数人のじゃんけんを判定する
●randomモジュールをインポート
●ninzu を5で定義
●変数aikoを0で定義
●変数syoubuariを0で定義
●空のリストhands_listを定義
●iをninzu回繰り返す：
  ▶ hands_listに0,1,2のいずれかを追加する
●確認のためhands_listを表示する
●hands_listをset関数で集合に変換する
●hands_listの要素数をlen関数で調べkekkaに代入
●もしkekkaが1または3なら：
  ▶ aikoに1を加えてaikoを更新
●そうでないなら：
  ▶ syoubuariに1を加えてaikoを更新
●あいこの数を表示する
●勝負ありの数を表示する
```

```
#複数人のじゃんけんを判定する
import random as rd
ninzu = 5
aiko = 0
syoubuari = 0
hands_list = []
for i in range(ninzu):
    hands_list.append(rd.randint(0,2))
print(hands_list)
hands_list = set(hands_list)
kekka = len(hands_list)
if kekka ==1 or kekka == 3:
    aiko = aiko + 1
else:
    syoubuari = syoubuari + 1
print('あいこ',aiko)
print('勝負あり',syoubuari)
```

実行結果

```
[0, 1, 0, 1, 1]    この場合、5人の手が2種類しかないので勝負がつく
あいこ 0
勝負あり 1
```

実行結果

```
[0, 1, 2, 2, 2]    この場合、5人の手が3種類あるのであいこになる
あいこ 1
勝負あり 0
```

● 関数化とシミュレーションの実行

　このプログラムを改良し、人数を引数にして複数人でのじゃんけん判定部分を関数にします。関数名は janken とし、引数を人数にします。例えば7人でじゃんけんする場合、

```
janken(7)
```

を実行すると「あいこ」または「勝負あり」が戻り値として返されるようにしましょう。

　さらに、この関数を1000回繰り返し、勝負ありとなる確率をシミュレーションします。今回は7人で試してみましょう。

　実行結果として、じゃんけんの手の乱数リストの表示はせず、あいこと勝負ありのそれぞれの回数、勝負がついた確率のみを表示することにします。

　7人での同時じゃんけんで勝負がつく確率は、理論値で 17.28% です。次のプログラムを実行して、理論値に近いか試してみましょう。

プログラム例

```
import random as rd
#jankenを関数にする（引数を人数とする）
def janken(ninzu):
    hands_list = []
    for i in range(ninzu):
        hands_list.append(rd.randint(0,2))
    hands_list = set(hands_list)
    kekka = len(hands_list)
    if kekka == 1 or kekka ==3:
        return 'あいこ'
    else:
        return '勝負あり'


#janken関数を1000回実行
aiko = 0
syoubuari = 0
kaisu = 1000
ninzu = 7
for i in range(kaisu):
    if janken(ninzu) =='あいこ':
        aiko = aiko +1
    else:
        syoubuari = syoubuari +1
print('勝負あり',syoubuari,'あいこ',aiko)
prob = syoubuari / kaisu * 100
print('勝負ありは',prob ,'%')
```

勝負あり 198　あいこ 802
勝負ありは 19.8 ％

 タクミさん、関数を作ったんだ！このほうがわかりやすい！

 すごいじゃないか。2 人とも、3 人以上の任意の人数のじゃんけんシミュレーションができるようになったね。

 はい。自分で計算もしてみましたが、かなり理論値と近い値がちゃんと出ていました！

 うん。結果を確かめてみるのはいいことだね！素晴らしい。

 だいたいできたんですけど、これだと一度のプログラムの実行で特定の人数の結果しかわからないですよね。
人数が増えていくと勝負が決まる確率もどんどん低くなっていく様子を、グラフに表してみたいと思うんです。

 2 人から任意の人数まで、それぞれ 1000 回のシミュレーションをして、勝負の決まる確率を求めます。その結果をグラフにすると、多分人数が増えるに従ってどんどん確率も下がるから、右肩下がりのようなグラフになると思うんですよね。グラフは縦軸が勝負の決まる確率で、横軸をじゃんけんの人数にすればよさそう。

 なるほど。面白そうだね。これまで作ってきたプログラムを改造すればできそうだね。今、人数を最初に決めてシミュレーションをしているけど、これを 1 人ずつ増やしながら、1000 回ずつ繰り返せばいいんじゃないかな。

 そうですね。この繰り返しは、2 から調べたい人数まで、ということになりますね。この結果である確率をリストに追加していけばよさそうですね。
グラフの部分はどうしたらいいのかな。

 そこは、また後で教えるよ。まずは 2 人から任意の人数まで、それぞれ勝負がついた確率の値をリストに追加していくところまでやってみよう。

● 人数を増やしながらシミュレーションする

　現在のプログラムは、ある特定の人数でのじゃんけんで勝負がつく確率である変数「prob」（確率：probability の略）を求めています。空のリスト「prob_list」を用意し人数ごとの「prob」を append メソッドで「prob_list」に追加していくことにします。リストに格納する確率は、人数の変数「ninzu」をカウンタ変数として for 文で変化させ、2 人から任意の人数（今回は 10 人とする）まで繰り返します。

　確率は小数の桁数が多くなる可能性があるので、prob_list に追加する前に、**round 関数**を使って四捨五入しておくとよいでしょう。round 関数の書き方は、小数第 2 位まで表示したい場合、round(値 ,2) とします。2 つ目の引数を省略すると、整数に丸めることができます。

人数を 2 人から 10 人まで変化させながらシミュレーションする手順

- ●randomモジュールのインポート
- ●janken（ninzu）関数の定義　　#省略（前と同じ）
- ●空の「prob_list」を定義
- ●最大人数を10に定義
- ●「ninzu」を2から最大人数まで増やしながら繰り返す：
  - ▶ aikoを0にリセット
  - ▶ syoubuariを0にリセット
  - ▶1000回繰り返す：
    - ◇janken(ninzu)の結果が「あいこ」なら：
      - ◆aiko に1を加えてaikoを更新
    - ◇そうでないなら：
      - ◆syoubuariに1を加えてsyoubuariを更新
  - ▶ probにsyoubuariの確率を小数第1位で代入
  - ▶ prob_listにprobを追加
- ●prob_listを表示

プログラム例

```
import random as rd
#jankenを関数にする（引数を人数とする）
def janken(ninzu):
    hands_list = []
    for i in range(ninzu):
        hands_list.append(rd.randint(0,2))
    hands_list = set(hands_list)
    kekka = len(hands_list)
    if kekka == 1 or kekka ==3:
        return 'あいこ'
```

```
    else:
        return '勝負あり'


prob_list = []
saidaininzu = 10
for ninzu in range(2,saidaininzu + 1):
    aiko = 0
    syoubuari = 0
    kaisu = 1000
    for i in range(kaisu):
        if janken(ninzu) =='あいこ':
            aiko = aiko +1
        else:
            syoubuari = syoubuari +1
    prob = round((syoubuari / kaisu * 100),1)
    prob_list.append(prob)
print (prob_list)
```

> saidaininzu の値まで実
> 行するため、range 関数
> の第 2 引数に 1 を加えて
> おく必要がある。

実行結果

[63.4, 68.6, 53.7, 37.6, 22.4, 14.8, 12.9, 8.6, 5.8]

Pythonのround関数について

Python の round 関数は、一般的な四捨五入と異なる場合があります。例えば小数点第 1 位を丸めて整数にするとき、Python の round 関数は、「.5」以外のときは通常の四捨五入と同じですが、「.5」のときは、偶数となるほうへ丸めるという点に特徴があります。

・通常の四捨五入で「.5」を含む小数を整数に丸める場合

　　0.5　→ 1
　　1.5　→ 2
　　2.5　→ 3
　　3.5　→ 4

となり、合計すると 10 になります（小数のまま合計すると 8）。

・Python の round 関数を使って「.5」を含む小数を整数に丸める

　　round(0.5)　→ 0（偶数）
　　round(1.5)　→ 2（偶数）
　　round(2.5)　→ 2（偶数）
　　round(3.5)　→ 4（偶数）

となり、合計すると 8 になります。（小数の計算でも 8）。

　このように、「.5」は実際には両隣の整数の中間にあるにもかかわらず、通常の四捨五入では必ず繰り上がり、誤差が大きくなってしまいます。これに対し、Python の round 関数は通常の四捨五入より誤差の少ない結果が得られるのです。

　ただし、浮動小数点数の内部表現による制限や精度の問題により、round 関数の実際の挙動が直感的な理解と異なる場合があります。これは、多くの小数が 2 進数での浮動小数点数として完全に正確に表現できないためです。

● グラフを描く準備

2 人から任意の人数まで、勝負がつく確率を求めるプログラムができたね。

はい。やはりだんだん確率が下がっていきますね。これをグラフにしていきたいです。グラフってどうやって描くんですか？

　まずはグラフを描くために **pyplot モジュール**をインポートします。これは **matplotlib** というパッケージに含まれています。random モジュールのインポートのときには、import random as 別名としましたが、pyplot モジュールは、もう 1 つ大きな括りのパッケージの中にあるため、「matplotlib パッケージの中にある pyplot モジュール」をインポートする、という書き方になります。

　実際に使う場合には、「plt」という別名を指定するのが一般的です。

```
import matplotlib.pyplot as plt
```

と書いて pyplot モジュールを plt という別名でインポートします。

　練習として、新規プログラムで簡単なグラフを描いてみましょう。

　x 軸と y 軸のデータを格納する 2 つのリストを作ります。今回は、x は 1 から 10 の整数、y は 2 から 20 まで、2 ずつ増える等差数列を作って、このデータをグラフにしてみましょう。

グラフの練習（データの準備）

```
import matplotlib.pyplot as plt
x = [1,2,3,4,5,6,7,8,9,10]
y = [2,4,6,8,10,12,14,16,18,20]
```

● 折れ線グラフを描画する

　では、この x と y のデータを使って折れ線グラフを書いてみます。

　折れ線グラフの命令は、

```
plt.plot(x, y)
```

です。環境によってはこれだけでグラフが表示されますが、本来は「グラフを表示する」という命令も必要です。グラフを表示するには

```
plt.show()
```

と書きます。

折れ線グラフのプログラム

```
import matplotlib.pyplot as plt
x = [1,2,3,4,5,6,7,8,9,10]
y = [2,4,6,8,10,12,14,16,18,20]
plt.plot(x,y)
plt.show()
```

実行結果

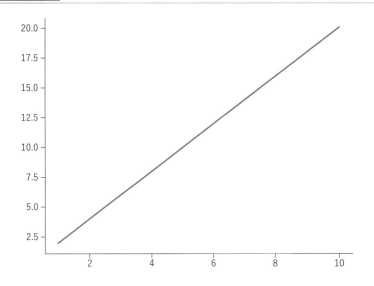

◉タイトル、ラベルをつける

グラフタイトルは **plt.title**("タイトル")、ラベルは **plt.xlabel**("x 軸ラベル名")、**plt.xlabel**("x 軸ラベル名") で設定します。グラフ内に日本語を表示にするには手間がかかるので、今回はアルファベットを使います。

グラフにタイトルやラベルをつける

```
import matplotlib.pyplot as plt
x = [1,2,3,4,5,6,7,8,9,10]
y = [2,4,6,8,10,12,14,16,18,20]
plt.plot(x,y)
plt.title("graph rensyu")
plt.xlabel("x label")
plt.ylabel("y label")


plt.show()
```

線の色とマーカー

　線の色を変更するには、plt.plot の引数 x,y に続き、c="色"、マーカーを表示するには、marker=
"マーカーの形" として指定する。

　色：r（赤）、g（緑）、b（青）、y（黄）、w（白）、k（黒）など。

　マーカーの形：o（○）、x（×）、*（星）、s（四角）、d（菱形）など。

例：

```
plt.plot(x,y, c="r",marker="s")
```

実行結果：

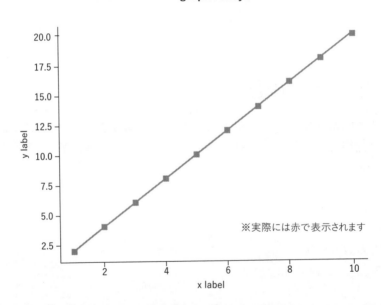

※実際には赤で表示されます

COLUMN

その他のグラフ例（参考）

折れ線グラフ以外の書き方は以下の通りです。実際にグラフを描いて試してみましょう。
なお、サンプルデータの数値に特に意味はありません。

```
#円グラフ
x = [50,30,10,10]
L = ['A', 'B', 'C', 'D']
plt.pie(x, labels= L)
#棒グラフ
x = ['A', 'B', 'C', 'D']
y = [30, 10, 25, 5]
plt.bar(x, y)
#散布図
x=[5,4,3,3,6,3]
y =[3,5,3,6,2,5]
plt.scatter(x,y)
plt.show()
#ヒストグラム
x=[12,13,18,20,15,23,11,10,5,2,17,24]
plt.hist(x,bins=5)
```

● じゃんけんシミュレーション結果をグラフにする

では、じゃんけんのプログラムに戻ろう。前回までに、2人から任意の人数までのじゃんけんについて、勝負がつく確率をリストにできていたね。このデータを使ってグラフにするわけだ。それぞれの軸はどうなるかな？

人数が増えていくと、確率が下がっていくグラフになると思うので、x軸が人数ですね。y軸はプログラムで作ってあるprob_listを使うということになりますね。

そうだね。では、x軸のデータを格納する空のリストを作って、プログラム内でデータを追加していこう。シミュレーションする人数（ninzu）を追加していくことになるかな。今回の場合、2人から10人までシミュレーションをしているから、
x = [2,3,4,5,6,7,8,9,10]
というリストになればいいね。xとyのリストができたら、グラフをプロットして、最後に表示しよう。

これまでのプログラムに改良を加え、2人から10人までの「prob」の値を折れ線グラフとして表示します。prob_listはy軸の値としてそのまま利用できます。x軸の値は「ninzu_list」という空のリストを作り、for文の中でninzuが更新されるたびにリストに値を追加していきます。

目盛線はplt.grid()で表示します。また、目盛ラベルとしてx軸のデータをそのまま使うようにplt.xticks(x)を指定しておくと見やすくなります。

前のプログラムに、以下の命令を必要な場所に追加します。

処理手順の例

● pyplotをpltとしてインポートする。

● x軸のデータを格納する空のリストninzu_listを定義する。

● ninzuに値が代入されるたびに、ninzu_listにninzuの値を追加する。

● ループを抜けたら、折れ線グラフを作成する。

● タイトル、ラベル、線、色、目盛線、目盛ラベル等を設定

● グラフを表示する。

プログラム例

```python
import random as rd
import matplotlib.pyplot as plt    #追加部分
#jankenを関数にする（引数を人数とする）
def janken(ninzu):
    hands_list = []
    for i in range(ninzu):
        hands_list.append(rd.randint(0,2))
    hands_list = set(hands_list)
    kekka = len(hands_list)
    if kekka == 1 or kekka ==3:
        return 'あいこ'
    else:
        return '勝負あり'
prob_list = []
saidaininzu = 10
ninzu_list = []    #追加部分
for ninzu in range(2,saidaininzu + 1):
    ninzu_list.append(ninzu)    #追加部分　x軸のリストの作成
    aiko = 0
    syoubuari = 0
    kaisu = 1000
    for i in range(kaisu):
        if janken(ninzu) =='あいこ':
```

```
            aiko = aiko +1
        else:
            syoubuari = syoubuari +1
    prob = round((syoubuari / kaisu * 100),1)
    prob_list.append(prob)
#print(ninzu_list)
#print (prob_list)
#グラフの描画　#以下すべて追加部分
plt.plot(ninzu_list, prob_list)
plt.title("janken_sim")
plt.xlabel("ninzu:(nin)")
plt.ylabel("not aiko prob:(%)")
plt.xticks(ninzu_list)          #x軸のラベルとしてリストの値を使うように設定
plt.grid()
plt.show()
```

正しく動作していることが確認できたらコメントアウトする

実行結果

saidaininzu=5 のとき

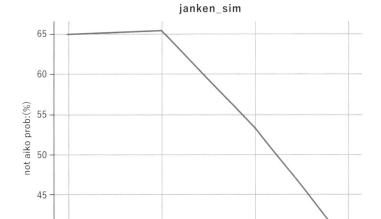

saidaininzu=20 のとき

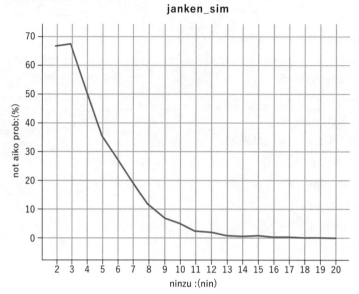

saidaininzu=30 のとき

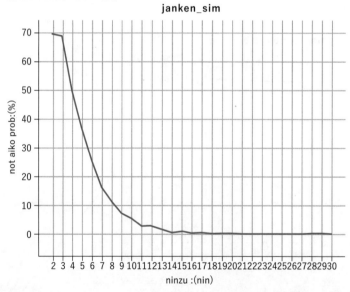

できました！！

すごい！人数が増えるごとに急激に確率が下がっていくのがよくわかるね。でも4人目以降は下がっていくけど、どのグラフを見ても2人と3人のときはあまり変わらないように見えるね。

うーん、どうしてかなぁ。

 2人とも素晴らしいね。シミュレーションは、結果を出したところで終わらずに、そこから読み取れることを考えることが大事だよ。

今回のように、ちょっと不思議な結果になることもある。シミュレーション結果が正しいかどうか、また別の方法で検証することもできる。じゃんけんなら、確率で計算することもできるね。計算してシミュレーション結果と比較してみよう。

 あと、タクミさんの当初の疑問は、「じゃんけんをするのに、最大何人くらいまでが現実的か」というものだったね。シミュレーション結果から、自分なりにどのように判断するかも考えてみよう。

問題

解答は 93 ページ

　5人、20人、30人の時のシミュレーション結果グラフを見て、読み取れることを書きなさい。タクミさんとミライさんが気づいたように、2人と3人のときはなぜ確率が変化しないのか。

　また、このグラフを見てあなたは同時にじゃんけんするのは何人までが現実的であると考えるか。理由とともに述べなさい。

1.10 | エレベータって どう動いているの?

いよいよ最後の課題です。

これまでに学んできたさまざまなプログラミングの手法を使って、エレベータの効率よい停止順を決めるプログラムに挑戦してみましょう。

 先生、この前買い物に行ったときにふと疑問に思ったんですが、エレベータって停止階のボタンを押した順ではなく、現在に近い階から順に止まっていきますが、どうやって停止順を決めているのでしょうか。

 エレベータのアルゴリズムか。面白いところに目をつけたね。実際のエレベータはかなり複雑なアルゴリズムで動いているんだよ。複数台設置されている場合は互いに連携しながら制御されていて、もっと複雑だ。

今回は単体のエレベータの動きについて考えて、プログラムを作ってみたらどうかな。

 ちょっと難しそうだけど面白そう。タクミさん、一緒にやってみようよ。

 ではまず、一番単純に、停止階のボタンが押された順番に動くアルゴリズムを考えるところから始めてみよう。

● 指定された順番通りに動くエレベータ

はじめにエレベータが現在の階からリストの順番通りに動いて行ったときの、総移動階数を求めるプログラムを作成します。実際のエレベータでは上に行く人と下に行く人が同じエレベータに乗ることはありませんが、今回は、上りたい人、下りたい人が一緒のエレベータに乗り込むこととします。また、一度動き始めたら途中で止まるべき階が追加されることはないこととします。

現在エレベータが止まっている階は5階で、ここで乗ってきた人たちが、「10,3,1,8,6」という順番で降りたい階のボタンを押したと仮定します。

最初のアルゴリズムは、ボタンが押された順番通りに止まるので、動いたすべての階数の合計は以下のようになるはずです。

この、『総移動階数「23」』を求めるための手順を考えます。

1-10-1:エレベータの動き

止まる階のリスト

現在階					
5 →	**10** →	**3** →	**1** →	**8** →	**6**

移動量: (5) + (7) + (2) + (7) + (2)

= 総移動階数 (23)

　それぞれの階の差を求めて加算していくことになりますが、次に止まる階が現在の階より大きい場合（上りの場合）、引き算をするとマイナス値となり、差を加算していくだけでは正しい答えが得られません。そこで、現在から次の階を引いた値を絶対値に変換します。絶対値を求める関数は **abs(値)** です。例えば次のようになります。

```
print(abs(10-5))
print(abs(5-10))
```

実行結果：5
実行結果：5

　総移動階数の求め方については、例えば止まるべき階のリストに n 個のデータがあったとき、絶対値（1 番目 - 2 番目）+ 絶対値（2 番目 - 3 番目）のように絶対値（n-1 番個 - n 番目）まで足していきます。繰り返しの回数は n-1 回、つまり「リストの要素数 -1」となるはずです。
　総移動距離の計算は**繰り返し処理**を使います。ただし、リストには現在階が含まれていないので、総移動距離の初期値として abs（現在階 - リストの最初の階）を代入しておくことにしましょう。

リストの順番通りに動いたときの総移動階数

- ●現在いる階を表す変数current_floorを5と定義
- ●現在いる階を表示
- ●止まる階のリストとしてfloor_listに[10,3,1,8,6]を定義
- ●階を移動した総移動距離を表す変数、total_distanceを作り現在階からfloor_list[0]の移動量をあらかじめtotal_distanceに代入しておく
- ●iを（floor_listの要素数-1回）繰り返す：
  - ▶現在の総移動距離に、絶対値（リスト[i]-リスト[i+1]）を加えて更新する
- ●floor_listの表示
- ●total_disstanceの表示

プログラム例

```
current_floor = 5
print('現在の階：',current_floor)
floor_list = [10,3,1,8,6]
total_distance = abs(current_floor - floor_list[0])
for i in range(len(floor_list)-1):
    total_distance = total_distance + abs(floor_list[i] - floor_list[i+1])
print('移動順：',floor_list)
print('総移動階：',total_distance)
```

現在の階： 5
移動順： ［10, 3, 1, 8, 6］
総移動階： 23

 できました！結果も正しいですね。でも、最初の移動を別の計算にしているのが気になります。リストの先頭に現在の階を追加できれば、全部同じ処理でできますよね。

 そのとおりだね。このプログラムでもいいと思うけど、そうすればよりプログラムが単純になるね。

リストの追加は通常、

リスト名.append(追加する要素)

とすればいいですが、これだとリストの末尾に追加されてしまいます。現在の階は、リストの先頭に入れなければならないので、リストの任意の位置にデータを追加できる **insert メソッド**を使ってみましょう。

リスト名.insert(挿入する位置,要素)

挿入する位置の引数は、**インデックス番号**を入れます。つまり「0」を指定すると、先頭に挿入できるということになります。今回の場合だと

> 「-1」を指定すると最後から2番目、-2を指定すると最後から3番目というようになる。

floor_list.insert(0, current_floor)

とすると current_floor の値「5」が floor_list の先頭に挿入されて ［5,10, 3, 1, 8, 6］ となります。

また、別の方法としてリストは、リスト C = リスト A+ リスト B のように、「+」**演算子**で連結することもできます。リスト a にリスト b を連結して、リスト a を更新するなら下記のようにします。

```
a=[5,3,2]
b = [1,2,3]
a = a + b
```

とすると、リスト a は [5,3,2,1,2,3] となります。

 じゃあ、先ほどのプログラムでも、この考え方を使えますか。

 整数型とリスト型は直接結合できないから、気を付けよう。

先ほどのプログラムで current_floor である「5」を floor_list の先頭に連結させようとした時、

```
current_floor = 5
floor_list = [10,3,1,8,6]
floor_list = current_floor + floor_list
```

とすると、整数型とリスト型は直接結合できないため、エラーになります。current_floor を []
で括ってリスト型として扱います。

例えば次のように書くとリスト整数型をリストに追加できます。

```
a=[5,3,2]
b = 6
a = [b]+a
print(a)
```

実行結果

```
[6,5,3,2]
```

 じゃあ私はこの方法でやってみます。ちょっと直すだけですね。total_distande は初期
値を 0 としておけばいいですね。

プログラム例

```
current_floor = 5
print('現在の階：',current_floor)
floor_list = [10,3,1,8,6]
total_distance = 0
floor_list =[current_floor]+floor_list    #current_floorをリストにして、floor_listと連結する
for i in range(len(floor_list)-1):
    total_distance += abs(floor_list[i] - floor_list[i+1])

print('移動順：',floor_list)
print('総移動階：',total_distance)
```

※見やすいように間に空の行を入れています。空行はなくても構いません。

次に、効率を考えたエレベータの動きを考えよう。ボタンが押された順番通りに動くのではなくて、上に行くなら途中で必要な階に止まりながら、停止すべき階の中で一番上の階まで登りきり、そこまで行ったら今度は動きを逆にして同じようにすればいいですね。

そうだね。この場合、最初に上に動くか、下に動くかをまず決めないといけないけど、これは停止すべき階の先頭を基に決めようか。例えば今5階にいたとして、止まるべきリストの最初の要素が例えば3階なら下に、7階なら上に動き始めることにしてみよう。この動きに合うように、リストの要素の順番を入れ替えるプログラムにするとよさそうだね。

さっきのデータを使って止まる順番を考えてみると、現在エレベータは5階にいて、止まるべき階が [10,3,1,8,6] 階ね。どう動けばよいかな？

最初の要素が10階だから、現在階の5階から上に向かって動く。そして現在の階から近い順に6、8、10階で止まって、今度は下向きに動き、近い順に3、1と止まって終了だね。リストにすると [5,6,8,10,3,1] となればいいんですか。

そうだね。結局このリストを作成することが今回の目的になる。リストさえできてしまえば先ほどのプログラムで総移動階数が求められるからね。ではまず、先ほどリストの順に移動距離を求めるプログラムを関数にしておこう。

エレベータアルゴリズム

コンピュータのハードディスク（HDD）のアームの動きは、エレベータアルゴリズムと呼ばれることがあります。あちこちにあるデータを要求の順番通りに読み出すのではなくて、近い場所にあるデータから読み出していくのがエレベータの動きと似ているからです。現在主流の SSD は物理的なアームの動きは必要なくなりましたが、エレベータの動きとコンピュータのデータの読み出し順の考え方はかなり近いものといえます。

● リストの総移動回数を求める部分を関数にする

リストの順番通りに動いた場合の総移動階数を求める先ほどのプログラムを**関数**にしておきます。引数として止まるべき階のリストを指定することにします。移動階数を数える関数なので、関数の名前は「count_floors」とします。この関数を利用する際には現在階もリストの先頭に含め、

```
count_floors([5,10,3,1,8,6])
```

のように引数として階のリストを与えれば総移動階数が表示されることとします。プログラムの部分は先ほどとほとんど同じです。

count_floors 関数の定義と実行

- ●関数count_floors(止まる階のリスト)を定義:
  - ▶ total_distanceを0で定義
  - ▶ iを（floor_listの要素数-1回）繰り返す:
    - ◇現在の総移動距離に、絶対値（リスト[i]-リスト[i+1]）を加えて更新する
  - ▶ total_disstanceを戻り値として返す
- ●関数count_floorsに引数([5,10,3,1,8,6])を与えて実行してみる

プログラム例

```python
def count_floors(floor_list):
    total_distance = 0
    for i in range(len(floor_list)-1):
        total_distance+=abs(floor_list[i]-floor_list[i+1])
    return total_distance
#関数の実行
print(count_floors([5,10,3,1,8,6]))
```

実行結果

```
23
```

● 効率的な停止順のリストを作るには

現在階が5階、止まるべき階のリストが [10,3,1,8,6] のとき、結果として [5,6,8,10,3,1] というリストにするためのプログラムを作れば、先ほどの count_floors 関数を利用して総移動階数を求められます。

効率的に止まるべき階の順番を作成する全体の流れを考えましょう。

2つの空の**リスト**（上向きに動く階のリストと下向きに動く階のリスト）を用意します。上向きのリストは止まるべき階の全体のリストから、現在階よりも上の階を集め、要素が昇順に並ぶようにし、下向きのリストは現在階よりも下の階を集めて降順に並びかえます。

つまり、今回は現在階は5なので、[10,3,1,8,6] のリストを基に、

上りリスト [6,8,10]（昇順にならんでいる）

下りリスト [3,1]（降順に並んでいる）

という2つのリストを作成する方法を考えていきます。

上りリストを作るには、まず並び順を考えず、全体のリストから現在階より大きい値のみを抜

き出して上りリストとします。下りリストも同様に、現在階より小さい値を抜き出して下りリストとします。

　処理が終わると、リストは [10,8,6] が抜き出され、下りリストは [3,1] が抜き出されるはずです。このリストを、上りは「昇順」に、下りは「降順」に並び替え、その後 2 つのリストを結合して floor_list にします。

　今回のプログラムでは、止まるべき階のリストの [0] 番目を現在階と比較し、現在階より大きければ上向きから、小さければ下向きから動くこととしています。今回のデータの場合は、現在階が 5、止まるべきリストの [0] 番目は 10 ですから、まず上向きに動いていきます。結合順は「上りリスト」＋「下りリスト」となりますが、リスト [0] が現在階より小さい場合はまず下向きに動いていくため、「下りリスト」＋「上りリスト」とすればよいことになります。

◉ 効率的な停止順リストを作る

　まずは、全体のリスト floor_list の階を up_list と down_list に振り分けてみましょう。

停止階を上りリストと下りリストに振り分ける

- ●現在階curret_floorを5として定義
- ●停止階リストfloor_listを[10, 3, 1, 8, 6]として定義
- ●上りリストup_listを空のリストとして定義
- ●下りリストdown_listを空のリストとして定義
- #floor_listの階を上りリストと下りリストに振り分ける
- ●iをfloor_listの長さぶん繰り返す：
  - ▶もし、floor_list[i]がcurret_floorより大きければ：
    - ◇up_listにfloor_list[i]を追加する
  - ▶そうでなければ：
    - ◇down_listにfloor_list[i]を追加する
- ●up_listの表示
- ●down_listの表示

プログラム例

```
current_floor = 5
floor_list = [10, 3, 1, 8, 6]
up_list =[]
down_list =[]
for i in range(len(floor_list)):
    if floor_list[i] > current_floor:
        up_list.append(floor_list[i])
    else:
        down_list.append(floor_list[i])
```

```
#以下は確認のため
print(up_list)
print(down_list)
```

```
[10, 8, 6]
[3, 1]
```

● それぞれのリストを並び替える

止まるべき階のリスト floor_list の要素を 5 階より上の上り階リストと、5 階より下の下り階
リストに振り分けられました。

次に、up_list を昇順に、down_list を降順に並び替えます。並び替えには、sort メソッドを
使います。

使い方は**リスト名 .sort(並び替え方法)** となります。昇順の場合引数は必要ありません。降順
に並び替えたいときには、引数として **reverse = True** とします。

例：sort メソッドの使い方

```
a = [3,1,5,2]
a.sort()                    #リストaを昇順に並び替える
b = [3,1,5,2]
b.sort(reverse = True)      #リストbを降順に並び替える
print(a)
print(b)
```

実行結果

```
[1, 2, 3, 5]
[5, 3, 2, 1]
```

up_list と down_list の並び替えが終わったら、それぞれのリストを表示して確認してみましょう。
その後、はじめに動き出す向きを調べるため、floor_list[0] と current_floor を比較し、floor_
list[0] のほうが大きければ、floor_list を up_list + down_list として更新し、そうでなければ
floor_list を down_list + up_list として更新します。
最後に、現在階をリストの先頭に挿入します。
すべて終わったら、確認のため、floor_list を表示しましょう。

#先ほどの続き

●up_listを昇順でソートする

●down_listを降順でソートする

●確認のため、up_listを表示

●確認のため、down_listを表示

●もし、floor_list[0]がcurrent_floorより大きければ：

▶ floor_list を up_list + down_listとして更新

●そうでなければ

▶ floor_list をdown_list + up_listとして更新

●現在階をfloor_listの先頭に追加

●確認のため、floor_listを表示

プログラム例

```python
#先ほどの続き
up_list.sort()
down_list.sort(reverse = True)


print(up_list)                    #正しく並び替えられたか、確認のため表示しているだけです
print(down_list)                  #正しく並び替えられたか、確認のため表示しているだけです


if floor_list[0] > current_floor:    #もし上向きに動き始めるなら
    floor_list = up_list + down_list  # 「上りリスト」＋「下りリスト」の順で連結
else:                                 #そうでないなら（下向きに動き始めるなら）
    floor_list = down_list + up_list  # 「下りリスト」＋「上りリスト」の順で連結
floor_list.insert(0,current_floor)    #現在階をリストの先頭に追加（リストの連結でもよい）
print(floor_list)
```

● プログラムの確認

それでは、ここまでのプログラムを確認してみましょう。

効率的に動く階の順番のリストを作成するプログラム

```python
current_floor = 5
floor_list = [10, 3, 1, 8, 6]
up_list =[]
down_list =[]


#現在階と、元の停止すべき階を表示しておく
```

```
print('現在階',current_floor)
print('元のリスト',floor_list)
#上りリストと下りリストに停止階を振り分ける
for i in range(len(floor_list)):
    if floor_list[i] > current_floor:
        up_list.append(floor_list[i])
    else:
        down_list.append(floor_list[i])
#2つのリストを並べ替える
up_list.sort()
down_list.sort(reverse = True)
#現在階とリスト先頭を比較して、リストの結合順を決める
if floor_list[0] > current_floor:
    floor_list = up_list + down_list
else:
    floor_list = down_list + up_list
floor_list.insert(0,current_floor)   #floor_list = [current_floor] + floor_list　でもよい
#結果のリストを表示
print('移動順を考慮したリスト',floor_list)
```

実行結果

```
現在階 5
元のリスト [10, 3, 1, 8, 6]
移動順を考慮したリスト [5, 6, 8, 10, 3, 1]
```

 できました！これで効率的に停止する階の順番通りのリストにすることができました。

 よくできました！あとは、先ほど作っておいた総移動回数を求める関数 count_floors に引数としてこのリストを与えればよさそうだね。

 では、プログラムを組み合わせて、count_floors 関数を実行してみます。

プログラム全体

```
def count_floors(floor_list):
    total_distance = 0
    for i in range(len(floor_list)-1):
        total_distance+=abs(floor_list[i]-floor_list[i+1])
```

```python
        return total_distance
current_floor = 5
floor_list = [10, 3, 1, 8, 6]
up_list =[]
down_list =[]

#現在階と、元の停止すべき階を表示しておく
print('現在階',current_floor)
print('元のリスト',floor_list)
#上りリストと下りリストに停止階を振り分ける
for i in range(len(floor_list)):
    if floor_list[i] > current_floor:
        up_list.append(floor_list[i])
    else:
        down_list.append(floor_list[i])
#2つのリストを並べ替える
up_list.sort()
down_list.sort(reverse = True)
#現在階とリスト先頭を比較して、リストの結合順を決める
if floor_list[0] > current_floor:
    floor_list = up_list + down_list
else:
    floor_list = down_list + up_list
floor_list.insert(0,current_floor)
#結果のリストを表示
print('移動順を考慮したリスト',floor_list)
#count_floors関数を実行して表示
print('総移動階：',count_floors(floor_list))
```

実行結果

現在階 5
元のリスト [10, 3, 1, 8, 6]
移動順を考慮したリスト [5, 6, 8, 10, 3, 1]
総移動階： 14

おお！元のリスト通りに動いたときの総移動は「23」だったのが、今回の移動では「14」になったから効率的になりましたね！現在階と停止すべき階のリストを色々変えて試してみよう。

よくできました。これで一通り完成したと思うんだけど、せっかくだから停止階の順番を作る部分も関数にしてみたらどうかな？

プログラム内に現在階と停止階リストを定義するのではなくて、引数を与えると効率的な総移動階が結果として表示される関数ですね。確かにその方が便利そうですね。タクミさん、一緒にやってみようよ。

うん。では関数の名前は elevator にしよう。引数として現在階と、停止階のリストを与えると。実際使うときには
elevator(5,[10, 3, 1, 8, 6])
のように引数を指定するということにしよう。

いいですね。関数にできたらより便利になりそうだね。もうちょっとだから2人で頑張ってみましょう。

COLUMN
データスケジューリングアルゴリズム

　今回作ったプログラムの考え方は、コンピュータのデータアクセスの順番（データスケジューリング）の効率化に似ています。

　最初に作ったプログラムと同じような動き、つまり要求されたデータの順番通りにアクセスしていく方式は「**FCFS**：First Come First Service」（最初に要求が来たものを最初に返す）というアルゴリズムです。この方法は単純ですが効率が悪いという欠点があります。

　これに対して、データスケジューリングの「**SCAN**」というアルゴリズムは先ほどの効率的なエレベータの動きに似ています。データを読み出すアームが動き出した方向を途中で変えず、必要なデータの最後まで読み出してから、今度は逆向きにアームが動いていくというものです。実際にこの方式は「エレベータアルゴリズム」と呼ばれています。この「SCAN」を発展させた「C-SCAN」など、効率的なデータアクセスのためのディスクスケジューリングのアルゴリズムは他にもいくつかあります。興味があったら調べてみましょう。

ソートについて

　このプログラムではプログラムを単純にするために、sort メソッドを使っていますが、並び替えの部分もソート（並び替え）アルゴリズムを使って自分で書いてもよいでしょう。

　sort メソッドを使わずに、ソートアルゴリズムを使って並べ替えてみると、ソートアルゴリズムの理解・練習に役立ちます。

　ソートアルゴリズムには以下のようなものがあります。本書では詳細については扱いませんが、それぞれのアルゴリズムの特徴を教科書などでしっかり理解しておきましょう。

1. バブルソート（Bubble Sort）
　隣接する 2 つの要素を比較し、順序が逆であれば交換することを繰り返します。バブルソートは理解しやすいですが、大きなリストに対しては効率が悪いことが多いです。

2. 選択ソート（Selection Sort）
　選択ソートでは、リストの中で最小（または最大）の要素を探し、その要素をリストの先頭と交換します。次に、残った要素の中で最小（または最大）の要素を探し、2 番目の位置と交換します。これをリストの終わりまで繰り返します。大きなリストに対してはあまり効率的ではありません。

3. 挿入ソート（Insertion Sort）
　挿入ソートでは、リストをソート済みの部分と未ソートの部分に分けます。未ソートの部分から1 つずつ要素を取り出し、ソート済みの部分に適切な位置に挿入していきます。小さなリストやほぼソートされたリストに対しては比較的効率的です。

4. マージソート（Merge Sort）
　分割統治法を用いた再帰的・効率的なアルゴリズムです。大きなリストに対しても効率的で、安定したソートアルゴリズムです。

5. クイックソート（Quick Sort）
　分割統治法を用いた高速なアルゴリズムで、実用的です。平均的なケースでは非常に高速ですが、元データの並び順によっては効率が落ちます。

問題

解答は 94 ページ

（1）先ほどのプログラムを改良して、効率的な移動の順番と、総移動階数を表示する関数を作成しなさい。

　関数を使う際には、現在階を 5、止まるべき階が 10, 3, 1, 8, 6 の各階である時、「elevator(5,[10, 3, 1, 8, 6])」と指定し、結果として

　　現在階 5

　　元のリスト [10, 3, 1, 8, 6]

　　移動順を考慮したリスト [5, 6, 8, 10, 3, 1]

　　総移動階数：14

が出力される関数とする。

　また、プログラムができたら、別の引数を指定して、elevator 関数を実行しなさい。

　　現在階 11

　　元停止階リスト [8, 3, 15, 6, 7, 12, 4, 2]

（2）上記のプログラムでは現在階とリストの [0] の比較した結果から、上向きに動き始めることとして、総移動階数は「14」となっている。しかし、実は下向きから動き始めると停止順は [5,3,1,6,8,10] となり、総移動階数は「13」ですむ。

　移動方向をあらかじめ決めるのではなく、上向きから動き始める際の停止階リスト、下向きから動き始める際の停止階リストの両方を作成し、双方の移動総数を比較して、その小さい方を結果として表示するプログラムを作成しなさい。

ポイント：

上りルートを up_list + down_list

下りルートを down_list + up_list

として 2 種類作成する。

current_floor をそれぞれのリストの [0] にインサートする。

count_floor(上りルート) と count_floor(下りルート) の結果を比較し、小さい方の結果を表示するようにする。

　プログラムができたら、別の引数を指定して elevator 関数を実行しなさい。

　　現在階 11

　　元停止階リスト [8, 3, 15, 6, 7, 12, 4, 2]

1.4 | 猫5匹の人間換算年齢を表示してみよう

リストの合計を求める

（1）リストのインデックス番号を使う場合

テスト結果のリストを定義する
合計点を0で定義する
iを0から4まで1ずつ増やしながら繰り返す：
現在の合計点にリスト[i]番目を加えて合計点を更新
合計点を表示する

プログラム例

```
#リストのインデックス番号を使う場合
test_result = [67, 46, 86, 75, 58]
total = 0
for i in range(5):
    total = total + test_result[i]
print(total)
```

（2）リストの要素をそのままカウンタ変数に読み込む場合

テスト結果のリストを定義する
合計点を0で定義する
「得点」にリストの要素を順番に代入し、なくなるまで繰り返す：
現在の合計点に「得点」を加えて合計点を更新
合計点を表示する

プログラム例

```
#リストの要素をそのままカウンタ変数に読み込む場合
test_result = [67, 46, 86, 75, 58]
total = 0
for point in test_result:
    total = total + point
print(total)
```

解答

合計点332

1.5 | 数当てゲームを作ってみよう

おみくじのプログラム

手順例

randomモジュールをrdとしてインポート

結果の変数に0〜8のいずれかの整数を代入

もし、結果が0なら：

　　「大吉」と表示

そうでなく、もし結果が2以下なら：

　　「中吉」と表示

そうでなく、もし結果が5以下なら：

　　「吉」と表示

そうでなく、もし結果が7以下なら：

　　「凶」と表示

それ以外なら：

　　「大凶」と表示

プログラム例

```python
import random as rd
kekka = rd.randint(0,8)
if kekka == 0:
    print('大吉')
elif kekka <= 2:
    print('中吉')
elif kekka <= 5:
    print('吉')
elif kekka <=7:
    print('凶')
else:
    print('大凶')
```

1.6 | 練習メニューを書き出そう

（1） 3種目のカウント

手順例

変数「種目」に腹筋、背筋、腕立て伏せを定義

iを0〜2まで1ずつ増やしながら繰り返す:

　　種目[i]を表示

　　jを1〜3まで1ずつ増やしながら繰り返す:

　　　jセット目を表示

　　　kを1〜20まで1ずつ増やしながら繰り返す:

　　　　kを表示

プログラム例

```python
event_list =['腹筋','背筋','腕立て伏せ']
for i in range(3):
    print(event_list[i])
    for j in range(1,4):
        print(j,'セット目')
        for k in range(1,21):
            print(k)
```

（2） 掛け算九九の表示

手順例

iを1〜9まで1ずつ増やしながら繰り返す:

　　jを1〜9まで1ずつ増やしながら繰り返す:

　　　i * j, 改行の代わりに半角スペースを入れて表示

　　改行する

プログラム例

```python
for i in range(1,10):
    for j in range(1,10):
        print(i * j, end=' ')
    print()
```

1.7 | 当たりが出るまでに何回かかる?

(1) くじが当たるまでの平均回数

手順例

randomモジュールをrdとしてインポート

合計を0にする

iを0〜99まで1ずつ増やしながら繰り返す:

　　変数cntに0を代入

　　numに0を代入

　　numが1ではない間くり返す:

　　　　現在のcntに1を加えてcntに代入

　　　　1から25までの乱数を作りnumに代入

　　現在の合計にcntを加えて合計を更新する

平均は合計÷100

あたるまでに「平均」回かかりましたと表示

(2) くじが当たるまでの平均回数を求めるプログラム

プログラム例

```
import random as rd
total = 0
for i in range(100):
    cnt = 0
    num = 0
    while num !=1:
        cnt = cnt +1        # cnt +=1　でもよい
        num = rd.randint(1,25)
    total = total + cnt     # total += cnt　でもよい
heikin = total / 100
print('当たるまでに平均',heikin, '回かかりました')
```

1.8 | 同じ処理を何度も使うには（ユーザ定義関数）

（1）リストの平均を求める関数の作成

手順例

関数をheikin（リスト）として定義:

合計は0

iを0〜1ずつ増やしながらリストの要素ぶん繰り返す:

合計にリスト[i]を加えて合計を更新

戻り値として、合計÷リストの要素数を返す

プログラム例

```
def heikin(li):
    total = 0
    for i in range(len(li)):
        total += li[i]
    return total / len(li)

#関数を実行してみる
takumi = [35,36,85,53,65]
mirai = [76,65,83,59,56]


print(heikin(takumi))
print(heikin(mirai))
```

結果

54.8

67.8

（2）関数を使って二重ループを解消する

```
#fukkin（腹筋）関数を定義する
def fukkin(kaisuu):
    for i in range(1,kaisuu + 1):
        print(i,"回")


#fukkin関数を引数15として5回繰り返し実行する
for j in range(1,6):
    print(j,"セット目")
    fukkin(15)
```

1.9 | 多人数じゃんけんのシミュレーション

プログラムの実行結果からわかること

　シミュレーション結果を見ると、人数が増えるごとに勝負のつく確率は下がっていくが、2人と3人の時については、確率が下がっているように見えない。

　2人じゃんけんの時は、全ての手の組み合わせは9通り。あいこになるのは2人とも同じ手の時なので、3通り。つまり理論値で66.7%、約2/3で勝負が決まることになり、グラフもその結果を示している。

　同様に考えると、3人のときは全員の手の組み合わせは3の3乗で27通り。そのうちあいこになるのは、全員が同じ手である時の3種類と、3人がそれぞれグーチョキパーを出したときの6通りとなり、あいこになるのは全部で9通りとなる。あいこになるのは9/27、勝負がつくのは18/27となり、やはり66.7%、約2/3で勝負が決まることがわかる。

　基本的にじゃんけんは人数が増えれば増えるほど勝負の決まる確率は下がっていくが、2人の時と3人の時は、両方1/3で変わらないことが、計算結果でも、シミュレーション結果のグラフでも同様に示される。

　ただし、これらは理論上、及びシミュレーションの結果であって、人によってじゃんけんの出す手に癖や偏りがあったり、一定の順番通りに手を出す人がいたりする場合には理論値通り、またはシミュレーション結果通りとはならないことに注意が必要である。

　「何人までが現実的か？」という回答については、人それぞれ判断に違いがあるが、20人になるとほぼ勝負がつかなくなることがわかる。

　例えば10回じゃんけんをして、1回くらい（約10%）勝負がつけば現実的であると考えるのであれば、だいたい8人くらいまでが現実的であるとグラフから読み取れる。

1.10 エレベータってどう動いているの？

（1）

elevator 関数を定義し、elevator（ 現在階, 停止階リスト ）を実行すると、
効率的な移動順と総移動階数が表示されるプログラム

```python
def count_floors(floor_list):
    total_distance = 0
    for i in range(len(floor_list)-1):
        total_distance+=abs(floor_list[i]-floor_list[i+1])
    return total_distance


def elevator(current_floor,floor_list):
    up_list =[]
    down_list =[]
    print('現在階',current_floor)
    print('元停止階リスト',floor_list)
    for i in range(len(floor_list)):
        if floor_list[i] > current_floor:
            up_list.append(floor_list[i])
        else:
            down_list.append(floor_list[i])
    #並べ替え
    up_list.sort()
    down_list.sort(reverse = True)
    #現在階とリスト先頭を比較して、リストの結合順を決める
    if floor_list[0] > current_floor:
        floor_list = up_list + down_list
    else:
        floor_list = down_list + up_list
    floor_list.insert(0,current_floor)
    print('効率的な停止順',floor_list)
    print('総移動階数：',count_floors(floor_list))


#   elevator関数の実行
elevator(5, [10, 3, 1, 8, 6])
elevator(11, [8, 3, 15, 6, 7, 12, 4, 2])
```

結果

現在階 5

元停止階リスト [10, 3, 1, 8, 6]

効率的な停止順 [5, 6, 8, 10, 3, 1]

総移動階数： 14

現在階 11

元停止階リスト [8, 3, 15, 6, 7, 12, 4, 2]

効率的な停止順 [11, 8, 7, 6, 4, 3, 2, 12, 15]

総移動階数： 22

（2）

上りと下りの両方のルートを計算し、最適なルートを表示するプログラム

```python
def count_floors(floor_list):
    total_distance = 0
    for i in range(len(floor_list)-1):
        total_distance+=abs(floor_list[i]-floor_list[i+1])
    return total_distance

def elevator(current_floor,floor_list):
    up_list =[]
    down_list =[]
    print('現在階',current_floor)
    print('元のリスト',floor_list)
    for i in range(len(floor_list)):
        if floor_list[i] > current_floor:
            up_list.append(floor_list[i])
        else:
            down_list.append(floor_list[i])
    #並べ替え
    up_list.sort()
    down_list.sort(reverse = True)
    #上りと下の2つのルートを作成する
    up_route = up_list + down_list
    down_route = down_list + up_list
    up_route.insert(0,current_floor)
    down_route.insert(0,current_floor)
```

```
        #両者を比較して少ない方の結果を表示
        if count_floors(up_route)<count_floors(down_route):
            print('移動順を考慮したリスト',up_route)
            print('総移動階数：',count_floors(up_route))
        else:
            print('移動順を考慮したリスト',down_route)
            print('総移動階数：',count_floors(down_route))


    #elevator関数の実行
    elevator(5, [10, 3, 1, 8, 6])
    elevator(11, [8, 3, 15, 6, 7, 12, 4, 2])
```

結果

```
現在階 5
元のリスト [10, 3, 1, 8, 6]
移動順を考慮したリスト [5, 3, 1, 6, 8, 10]
総移動階数： 13
現在階 11
元のリスト [8, 3, 15, 6, 7, 12, 4, 2]
移動順を考慮したリスト [11, 12, 15, 8, 7, 6, 4, 3, 2]
総移動階数： 17
```

第 2 章

データの分析

　この章では、データが私たちに何を話しかけてくれているかを学びます。データは日々の生活や意思決定に影響を与えており、単なる数値の集まり以上の価値があります。ここでは、その価値を理解し、データの背後にある意味や傾向を探究していきます。

　この章ではデータの分析の基礎から応用まで幅広く学びますが、データの分析を学ぶことで、データを見る目を養い、分析の技術を身につけることができます。そして、私たちの世界がどのように動いているかを理解をする第一歩となります。

　データの中にその答えはあります。データの分析をしながら見つけていきましょう。

2.1 なぜ、データの分析を学ぶのか

　第2章では、データの分析の根底にある価値とその重要性について学んでいきます。データの分析の基本原理とその重要性に焦点を当て、探究していきましょう。この節では、データの分析がどのようにして私たちの日常や仕事に応用されているか、またデータが未来にどのような影響を及ぼす可能性があるかを学びます。

「データの分析」って、なんだか難しそう。私たちの日常生活に本当に役立つのでしょうか？

私はわくわくしてるよ！ 例えば、オンラインニュースが自分好みの記事を選んでくれるのも、データの分析のおかげだよ。

それはわかるけれど、どうして私たちがそれを学ぶ必要があるんだろう？

いい質問だね、タクミさん。データの分析って、数字をいじるだけじゃなくて、もっと大きな意味があるんだ。私たちの生活や社会の理解を深めるために、交通の流れを改善したり、気候変動を調べたり、健康管理をしたりするのに使われているんだよ。

つまり、私たちの生活をもっと便利に、もっと豊かにする力があるわけですね！

へえ、データを使って私たちの生活がどのように変化するのか、もっと知りたいです。

その好奇心は素晴らしいですね。一緒にデータの分析がどのように私たちの日常や将来を変えていくかを学んでいきましょう。

◉ 私たちがデータの分析を学ぶ理由

　私たちの生活は至る所でデータに囲まれています。例えば、スマートフォンを手に取るだけで、その事実を実感できます。ゲームのスコア、SNSのリアクション数、ナビゲーションのルート情報といったものは、すべてデータとして蓄積されており、これらのデータには価値ある洞察が隠されています。では、これらのデータからどのような知見を引き出せるでしょうか。

ほとんどのデータって、平均値を見れば大まかな傾向はわかるんじゃないですか？

そのように思うのは自然なことだね。例えば、学校の生徒たちの通学時間を調べるとき、アンケート結果は平均時間が 42.1 分だったとしよう。

えっと、だから多くの生徒が 42 分くらいで学校に来ているということですか？

そう思われがちだけど、データをヒストグラムで見ると、別の視点が得られるんだ。

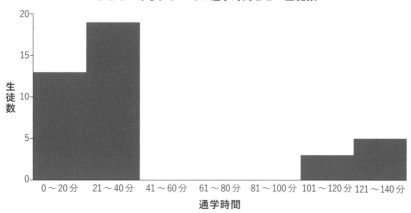

2-1-1：あるクラスでの通学時間ごとの生徒数

このヒストグラムを見ると、多くの生徒が比較的短い時間で通学しているけど、一部の生徒は非常に長い時間を通学に費やしていることがわかるね。

そうか、平均値だけ見ていたら、そういった例を見落としてしまいがちですね。

その通り。平均値や中央値だけでは、データの偏りや外れ値に気付かないんだ。ヒストグラムなどの視覚的な表現を使うことで、通学時間の実際の分布がより明確になるんだ。

　データには表面上の数値だけでは見えない深い情報が隠されています。その**隠された情報を解き明かす思考力を養うこと**がデータの分析の本質です。

　データは日常生活のあらゆる面で存在し、天気予報から店舗の売上分析、健康診断の結果に至るまで、私たちの判断の基礎となっています。この章を通じて、数字やグラフだけではない、データの背後を読み解く力を身につけましょう。データを正しく理解することで、誤った情報や偏った解釈から自分を守り、他人に対しても正確で説得力のある説明が可能になります。

● 問題解決とデータの分析

PDCA サイクルという言葉を聞いたことはありますか。PDCA は、**Plan（計画）**、**Do（実行）**、**Check（評価）**、**Act（改善）**の頭文字です。PDCA サイクルは問題解決の手法の 1 つであり、ビジネスの現場でも活用されています。

データの分析では、通常の PDCA サイクルに加えて、特有のステップを踏むことがしばしばあります。問題解決のためのデータの分析プロセスを詳しく見ていきましょう。

2-1-2：問題解決のためのデータの分析プロセス

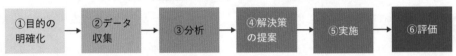

①目的の明確化 → ②データ収集 → ③分析 → ④解決策の提案 → ⑤実施 → ⑥評価

 PDCA サイクルと似ているけど、「目的の明確化」がデータの分析では重視されているよ。これは、データをどのように活用するか、何のために分析するのかという基本計画の重要性を示しているんだよ。

 なるほど、アンケートでデータを集めるときも、その目的をしっかりと理解しておかないと、データを集める側も、提供する側も無駄が生じますね。

 その通り。明確な目的があってこそ、適切なデータ収集と分析が可能になるんだよ。

● オープンデータ

 実際に研究やビジネスでデータを分析する際にも、常に完璧なデータが用意されているとは限らないんだ。

 そうなんですね。では、実際に必要なデータがない場合は、どのようにして集めるんですか？

 その場合、「オープンデータ」が使えるよ。

オープンデータとは、インターネット上で公開され、誰もが自由にアクセスして利用できるデータのことを指します。これには、国や地方自治体が提供している統計データなどが含まれます。代表的なオープンデータのサイトに「e-Stat」があります。このサイトでは、日本の統計が閲覧でき、オープンデータとして活用できます。

e-Stat　https://www.e-stat.go.jp/　

探しているデータがオープンデータにないときは、自力でデータを収集する必要があります。例えばクラスの生徒が好む音楽家の名前などは、**アンケート**を使って調べることになります。しかし、アンケートで不適切な質問の仕方をすると、予期しない答えが返ってくる可能性があるので、設計する際には注意が必要です。

> アンケートの設計に関しては、総合的な探究の授業で詳しく学ぶことができる。

ここでは、データとは何か、それをどのように活用するかを見てきました。この知識を土台にして、次節ではさらに進んだデータの分析の技術や応用例について学んでいきます。

問題1

解答は 172 ページ

次に示す文章のうち、正しいものに○を、誤っているものに×をつけなさい。
(1) データの分析では、数字やグラフだけではなく、データの背後を読み解くことが重要である。
(2) PDCA サイクルの「P」は「プロセス」を意味し、データの分析の初期段階で重要な役割を果たす。
(3) オープンデータは、誰でも自由にアクセスし利用できる公開データを指し、特定の団体のみが公開するデータも含む。

問題2

次に示す文章のうち、正しいものに○を、誤っているものに×をつけなさい。
(1) データの分析においては、データ収集後にすぐに解決策の提案に進むことが一般的である。
(2) データの分析においては、誤った情報や偏った解釈から自分を守ることが重要である。
(3) アンケートを通じてデータを収集する際、質問の設計に注意することで、バイアスを防ぐことができる。

2.2 | データの分類

データの分析は、私たちが目の前にある数字やデータをどのように理解し、その背後に隠された真実を明らかにするかという探究心から始まります。これらのデータは単なる数値や分類ではなく、それぞれが独自の意味や文脈を持っています。この節では、データの多様性に光を当てる質的データと量的データの2つの大きな分類に焦点を当て、さらにこれらを詳細に分析するための4つの尺度水準、つまり名義尺度、順序尺度、間隔尺度、そして比例尺度について見ていきます。

 日常生活で数値やグラフを目にする機会は多いよね。

 ええ、テストの得点やアンケートの結果など、よく目にします。

 確かに、学校でのテストの平均点は、特に気になります。

 これを見て思ったんですけど、僕たちのクラスの出席番号の平均って 20.5 で、国語の平均点が 55 点なのと比べると、出席番号のほうが低いですよね。

 ……。

● データの分類とその特性

冒頭は、次の表を見て行った会話です。タクミさんは、出席番号の平均と国語の平均点を比べていました。

2-2-1：1年 A 組　テストの得点

生徒番号	国語	数学	情報	生徒番号	国語	数学	情報
1	76	50	58	21	86	83	83
2	77	77	80	22	78	73	79
3	72	66	70	23	77	71	74
4	87	83	95	24	80	71	75
5	70	68	79	25	83	79	79
6	81	72	86	26	67	70	70
7	75	65	74	27	81	82	85
8	88	76	89	28	86	64	84
9	80	59	73	29	74	74	85
10	80	77	79	30	74	67	64
11	70	51	50	31	61	66	64
12	82	68	80	32	85	93	94
13	78	67	76	33	87	85	93
14	81	73	80	34	75	71	87
15	86	77	93	35	67	61	63
16	75	73	74	36	72	80	78
17	72	65	67	37	87	75	78
18	76	87	83	38	80	73	79
19	75	64	68	39	78	63	71
20	75	68	80	40	78	82	78

タクミさん、出席番号とテストの得点をそのまま比べるのは、ちょっとナンセンスだと思うよ。

その通り。出席番号は単なる識別用のラベルであり、数値としての意味はないよ。一方でテストの得点は実際の学力を示す数値なので、この2つは性質が異なるデータであり、直接比較することは適切ではないんだ。

なるほど、出席番号とテストの得点は、完全に別のものと考えるべきなんですね。

その理解で正解だよ。統計を理解する上で、適切な比較方法を学ぶことは重要なステップだよ。

　データを取り扱う際、その種類によって扱い方が異なります。データの種類を理解することは、情報を適切に分析し、正確な結論を導くための第一歩です。
　データは性質に応じて**質的データ**と**量的データ**の2大カテゴリーに分類されます。

　質的データは、**カテゴリーや属性を表すデータ**です。これには、性別、血液型、名前、順位、好みなどが含まれます。質的データは**名義尺度**と**順序尺度**の2つに分けられます。

・名義尺度：**データを区別するためのラベル**で、各項目間に順序や大小の関係はない。例えば、血液型の A 型と B 型の間に「どちらが上か」という関係性はない。性別、血液型、国籍などが該当する。

・順序尺度：項目間に**順序関係が存在する**が、間隔や差の大きさは一定ではない。ある項目が他の項目より「上」か「下」かを判断することはできるが、間隔には意味がない。ランキングや満足度評価がこれに当たる。

2-2-2：質的データの例

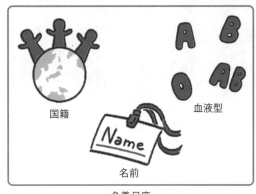

国籍　　　　　　　　　血液型

名前

名義尺度

順位　　　　　　　　　成績

出席番号

順序尺度

 出席番号は順序尺度で、教科の名前は名義尺度なんですね！

 正解！では、テストの点数のような量的データについても見ていこう。

　量的データは**数値で量や大きさを示すデータ**です。身長、年齢、経過時間、温度などがこれに該当します。量的データは**間隔尺度**と**比例尺度**に分けられます。

・間隔尺度：**数値間の差に意味がある**のが特徴である。例えば、ある年の平均気温が前年に比べ 0.4℃高い場合、その 0.4℃の差に意味がある。気温、年代、時刻がこれに該当する。

・比例尺度：**数値の差と比率の両方に意味がある**のが特徴である。例えば、「ある人の身長が別の人の 1.1 倍」とか「給与が前月の 1.5 倍になった」などが該当する（間隔尺度である気温の場合「10℃から 20℃に上がったので 2 倍暑くなった」とはいえない）。身長、体重がこれに当たる。

2-2-3：量的データの例

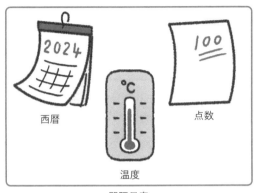

西暦

温度

点数

間隔尺度

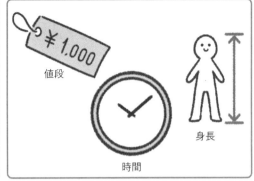

値段

時間

身長

比例尺度

 比例尺度と間隔尺度を具体的に区別する方法はありますか？

 よい質問だね。比例尺度と間隔尺度の違いを理解するためには、数値が 0 になった場合の意味を考えるのが有効だよ。例えば、長さが 0 なら「存在しない」という意味になるけど、気温や西暦の 0 は、「存在しない」を意味しないんだ。この考え方で、2 つの尺度の違いを理解しよう。

問題 1

解答は 172 ページ

以下のデータは「名義尺度」「順序尺度」「間隔尺度」「比例尺度」のどれにあたるか答えなさい。
(1) 郵便物を送るときに書く郵便番号　　　(2) 本の値段
(3) マラソン大会の順位（1 位、2 位、3 位という成績）
(4) 20℃などの気温

問題 2

以下の文章のうち、正しいものに○を、誤っているものに×をつけなさい。
(1) 比例尺度では、数値の差と比率の両方に意味があり、例えば気温の変化を 2 倍暑くなったと表現することができる。
(2) 量的データには、数値で量や大きさを示すデータが含まれ、身長や年齢がこれに該当する。
(3) 名義尺度は、データ項目間に数値的な大小や順序の関係が存在する尺度である。

2.3 | 仮説の設定

データを用いた問題解決を目指す皆さんにとって、データの分析の各ステップは非常に重要です。では、データの分析をする上で最初に必要なアプローチは何でしょうか。それは「仮説の設定」にあります。ここでは、仮説の意味、設定方法、そしてデータの分析におけるその役割について深く掘り下げます。仮説とは何かを理解し、データの分析において効果的な仮説を設定する方法を学んでいきましょう。

 先生、データの分析の課題をどのように開始すればよいのか、迷っています。

 データの分析では、最初に仮説を設定することが大切って聞いたことがあるよ。

 その通り。仮説は具体的に何を意味し、どのように設定すればよいのか、詳しく見ていきましょう。

● 仮説の意味とその重要性

データの分析を行う上での最初のステップは、適切な仮説を設定することです。この仮説とは、**研究や分析を始める前に立てられる、特定の主張や予測**を意味します。例えば、「冬季にはインフルエンザの感染率が高まる」という仮説や、「オンライン教育の利用時間が生徒の学習成果に影響を与える」といった具体的な推測が考えられます。

 どんなことにでも仮説を設定できるんですか？やり方がわからなくて難しいです。

 仮説を立てるには特定の方法論や考え方があるよ。これを理解することで、効果的な仮説を立てる技術を身につけることができるんだ。

● 仮説を立ててみよう

効果的な仮説を立てるには、簡潔で分かりやすいアプローチが必要です。
仮説とは、日常の観察から生じる「なぜかな？」という疑問から始まります。その疑問をシン

プルで明瞭な形にすることが重要です。複雑に考えすぎてしまうと、解を見つけることがより難しくなるからです。

　例えば、「雨の日に交通事故が増えるのはなぜかな？」という疑問が仮説の始まりになります。一方、「東京都と大阪府では、どちらが公共交通の利用者が多いか？」という疑問を持つ場合、交通手段の種類や時間帯まで考慮すると、問題が複雑化し、解決が難しくなってしまいます。

 ねえ、数学が得意な人って情報のテストも得意だと思うんだけど、ミライさんはどう思う？

 うーん、私は数学での論理的な思考が、国語の読解問題にも役立つんじゃないかなって思うよ。

 そのように日常で感じることや疑問を明確な仮説としてまとめることが大切だね。それによって新しい発見があるかもしれないよ。

 【仮説】数学が得意な生徒は、情報のテストでも高得点を取る傾向がある。

 【仮説】数学での論理的な思考の訓練が、国語の読解力の向上させる。

◉ 適切な仮説の選択

　仮説を立てる際には、その検証に必要なデータが手元にあるかどうかを考慮することが非常に重要です。適切なデータがなければ、仮説を検証することができず、研究や分析の進行に支障をきたします。

> 問題：以下の①～③の仮説の中で、クラスのテストデータ（「2-2-1：1年A組　テストの得点」のデータ）を用いて分析できないものを選びなさい。
>
> ① 国語のテストの点数が低い人は、数学のテストの点数も低い。
> ② 国語と数学のテストの点数には相関関係がある。
> ③ 国語の勉強時間が長い人は、国語のテストの点数が高い。

 この問題、すべての仮説が分析可能に見えるけど、どれが正解なんだろう？

 確かに、一見するとどの仮説も分析可能だね。

もっと深く考えてみよう。クラスのテストデータには「国語」「数学」「情報」の3教科のテストの点数が含まれている。このことから、①、②の仮説は、既存のデータを基に分析ができることがわかるね。だけど、③の仮説は「国語の勉強時間」という変数を含んでいるけど、現在のテストデータにはこの情報がないので、この仮説を分析することは不可能なんだ。よって、正解は③。

仮説を立てたり、分析したりする前に、どのようなデータが利用可能かを確認することは極めて重要なんだよ。

◉ 対立仮説と帰無仮説

先生、仮説を立てた後、どのようにそれを検証するのですか？

よい質問だね。仮説を検証するためには、「対立仮説」と「帰無仮説」を理解することが重要だよ。これらの概念について、簡単にみていこう。

　データの分析において仮説を検証する際、まず対立仮説と帰無仮説を設定します。**対立仮説**は、分析を行う者が証明しようとする主張であり、特定の効果や関連性を示すものです。一方で**帰無仮説**は、対立仮説に反する仮説で、通常は「効果がない」「変化がない」といった状態を示します。例えば、「数学が得意な生徒は、情報のテストでも高得点を取る傾向がある」という対立仮説に対し、帰無仮説は「数学が得意であるかは情報のテストの得点に影響しない」となります。

帰無仮説を否定すれば、対立仮説が証明されるのですか？

そうだね。データで帰無仮説が間違っていることを示せばいいんだよ。

　帰無仮説を否定することで、対立仮説を間接的に証明することができます。例えば、タクミさんが立てた「数学が得意な生徒は、情報のテストでも高得点を取る傾向がある」という仮説を検証するためには、まず帰無仮説「数学が得意であるかは情報のテストの得点に影響しない」が正しいかどうかを調べます。このためには、クラスの数学の成績と情報のテストの得点を比較し、統計的に有意な関連があるかどうかを分析します。もし統計に有意な関連が見られる場合、帰無仮説が間違っていると結論づけ、結果として対立仮説「数学が得意な生徒は、情報のテストでも高得点を取る傾向がある」が支持されることになります。実際にどのようにデータを取り扱えばよいか等の詳細は 2.9 で学びます。

問題 1

解答は 173 ページ

以下のうち、仮説を立てる際の基本的なステップとして最も適切でないものを選択しなさい。

①観察から生じる具体的な疑問を基に仮説を立てる。
②仮説を検証するために必要なデータが手元にあるかどうかを確認する。
③全ての可能な変数を仮説に含める。
④帰無仮説と対立仮説を設定する。

問題 2

クラスのテストのデータ（「2-2-1：1 年 A 組　テストの得点」）から、以下の仮説のうち分析できないものを選びなさい。

①国語のテストの点数が高い生徒は、数学のテストの点数も高い。
②理科の成績と数学の成績には相関関係がある。
③数学の勉強時間が長い生徒は、数学のテストの点数が高い。
④国語、数学、情報の成績データを用いて、情報の成績が最も高い生徒を特定する。

2.4 | 分析のための データ準備

　データは分析の基盤となります。正確で信頼性のあるデータがなければ、分析結果も信頼性を欠くことになります。しかし、現実には、データが常に完璧な状態であるとは限りません。間違いや重複、欠損など、さまざまな問題を抱えたデータが存在することが一般的です。これらの問題が含まれると、正確な分析結果を得ることが困難になります。

　この節では、データを効率的かつ正確に分析するための準備作業、すなわちデータの扱い方について学びます。目標は、分析のためのデータ準備の重要性と基本的な手法を理解し、欠損値や外れ値の検出と対処方法を学ぶことです。

ある資格試験を受験した際の得点のデータを使って分析をしようと思ったけど、いくつか問題があるみたい。例えば、Gさんのデータが重複して入力されていたり、Dさんのデータが完全に欠損していたりしているの。

じゃあ、このままだと正しい分析ができないね。

その通り。データを分析する前に、データの整理やクレンジングという工程を踏むことが不可欠なんだ。これによってデータの品質を向上させ、信頼性の高い分析の基盤を築くことができるよ。

名前	学年	得点
A	3年	92
B	1年	85
C	2年	75
D	3年	
E	1年	65
F	2年	68
G	2年	70
G	2年	70
H	1年	65

●分析のためのデータ準備

　データの分析では、データに含まれる誤りや重複、関連性のない情報などの不完全な要素がしばしば見受けられます。これらの不正確な要素は、分析結果の信頼性を著しく低下させる可能性があります。そのため、これらの問題を正確に特定し、適切に修正または削除するプロセスが極めて重要となります。

　分析のためのデータ準備には、**データクレンジング**や**名寄せ**と呼ばれる作業があり、それぞれに特有の役割があります。

2-4-1：分析のためのデータ準備の作業

データクレンジング	データ内の誤りを訂正し、データの更新や削除を行うプロセス。データクレンジングの重要な一部分を担っている。
名寄せ	異なるデータセット内での名称や表記の不統一、例えば氏名や学校名などの矛盾を解消するプロセス。

分析のためのデータ準備を適切に行うことで、以下のようなメリットが得られます。

2-4-2：分析のためのデータ準備

データの信頼性向上	誤ったデータや重複データが除去され、分析に必要な正確な情報のみが保持される。
データの分析の効率化	データの抽出がスムーズになり、修正の手間が省けるため、分析作業が迅速に進行する。
データの分析の精度向上	高品質なデータに基づくことで、分析結果の正確性が向上する。

　以下のテーブルでは、"一年生"や"First Year"といった異なる書式で表示されていた「学年」のデータを「1年」という統一された形式に修正しています。データの一貫性は分析の正確性を保つために非常に重要です。

2-4-3：データクレンジングの例

名前	学年	点数
H	1年	65
I	一年生	46
J	First Year	71

名前	学年	点数
H	1年	65
I	1年	46
J	1年	71

 確かに、データの分析では「1年」「一年生」「First Year」と表記することは適切ではないね。データの統一性が、分析の正確さに直結するんだね。

● 欠損値と重複値

　データの分析では、データセットに不完全または異常な値が存在することがよくあります。例えば、データが記録されるべき場所が空白である場合がそれにあたります。
　欠損値に対する処理は、その性質や原因、データ全体の文脈に応じて慎重に選択する必要があります。主な対処法として以下の2つが挙げられます。
　1つ目は、欠損値や重複値を含む行や列を除去する方法です。2-4-4の表の場合は、得点の値がないDを欠損値として、2つめのGを重複値として削除しています。

2-4-4：欠損値と重複値の削除

名前	学年	得点
A	3年	92
B	1年	85
C	2年	75
D	3年	
E	1年	65
F	2年	68
G	2年	70
G	2年	70
H	1年	65

名前	学年	得点
A	3年	92
B	1年	85
C	2年	75
E	1年	65
F	2年	68
G	2年	70
H	1年	65

　2つ目は、欠損している値の位置に、該当する列や行の平均値、中央値、または最頻値を代入する方法です。この場合は成績の平均値をDさんのデータに、出席日数の平均値をEさんのデータに適用するなどです。このアプローチは**単一代入法**と呼ばれ、データ量を減らさずに欠損値を補うことができますが、代入によって生じる誤差を考慮する必要があります。

2-4-5：平均値を代入

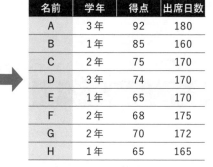

名前	学年	得点	出席日数
A	3年	92	180
B	1年	85	160
C	2年	75	170
D	3年		170
E	1年	65	
F	2年	68	175
G	2年	70	172
H	1年	65	165

名前	学年	得点	出席日数
A	3年	92	180
B	1年	85	160
C	2年	75	170
D	3年	74	170
E	1年	65	170
F	2年	68	175
G	2年	70	172
H	1年	65	165

欠損値の処理が完了したので、これでデータの分析を始められるよ！

その前に、データセットの中の「外れ値」についても考慮する必要があるよ。

外れ値って、データの中で通常の範囲から大きく外れている値のことですか？

その通り。データセット内で他の値から大きく離れている、予想される範囲を逸脱している値のことをいうよ。外れ値に対しても適切な対応をすることが重要なんだ。

● 外れ値と異常値

　データセットの中には、他のデータから大きく逸脱する数値や異常値が存在することがあり、これらは**外れ値**と呼ばれます。また、外れ値の中には、その原因が特定されているものがあり、これらを**異常値**と呼びます。

外れ値の詳細な調査や対処方法については、2.6 で解説する。

　外れ値や異常値は、データの可視化や統計的分析に大きな影響を及ぼす可能性があるため、適切な対応が必要です。外れ値や異常値の原因や背景を理解し、それに応じた適切な処理を行うことが重要です。

　以下の例では、I さんの出席日数が他のデータと比較して非常に高いことが示されており、この外れ値がグラフ上の他のデータに与える影響が明確です。

2-4-6：外れ値を入れた場合

名前	学年	得点	出席日数
A	3年	92	180
B	1年	85	160
C	2年	75	170
D	3年	74	170
E	1年	65	170
F	2年	68	175
G	2年	70	172
H	1年	65	165
I	3年	58	30000 ←外れ値

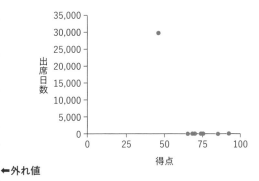

 I さんのデータの影響で、他のデータの差異がほとんどわかりませんね。

 確かに。では、I さんのデータを一時的に除外して、グラフを再確認しよう。

2-4-7：外れ値を除外した場合

名前	学年	得点	出席日数
A	3年	92	180
B	1年	85	160
C	2年	75	170
D	3年	88	170
E	1年	65	170
F	2年	68	175
G	2年	70	172
H	1年	65	165

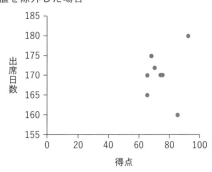

113

ずっと見やすくなりました！これならデータの分析が進められますね。

 そうだね。これでデータの前処理はほぼ完了し、データの分析の本格的なステップに進む準備が整ったことになるよ。

まとめ

◆分析のためのデータ準備の基本
・データに含まれる誤りや重複、無関係な情報などを特定し、適切に修正または除去をします。
・データクレンジングや名寄せによりデータの信頼性が向上し、さらに、データの分析の効率化と精度の向上が見込めます。

◆欠損値と重複値の処理
・不完全または異常なデータ値に対し、除去や補填（平均値、中央値、最頻値での補完）を行います。
・重複値は分析の正確性を損なうため、適切に除去をします。

◆外れ値と異常値の対処
・他のデータと比較して極端に離れた数値を特定し、その原因や背景を理解することが重要です。
・外れ値は必ずしも誤りではないため、その原因や背景に基づいて適切な処理を行います。

問題1

解答は 174 ページ

データクレンジングに関する以下の記述のうち、正しいものを選びなさい。

①データクレンジングは、すべてのデータを削除するプロセスである。
②データクレンジングには、データの誤りの修正と重複データの削除が含まれる。
③データクレンジングの目的は、新しいデータを生成することである。
④データクレンジングは、データの分析の後に行われるべきである。

問題2

外れ値と異常値に関する以下の記述のうち、最も適切ではないものはどれか。

①外れ値は常にデータの誤りを示している。
②外れ値は他のデータと比較して極端に離れた値である。
③異常値は外れ値の中でもその原因が特定されているものである。
④外れ値の処理には、その原因や背景を理解することが重要である。

2.5 | 基本統計量と可視化

　データの分析の基礎は、データがどのような中心的傾向や分布の広がりを持つかを正確に把握することにあります。この理解を深めるために、「基本統計量」と呼ばれる重要な指標群に頼ります。この節では、これらの統計量がデータの特性をどのように示し、それらをどのように活用してデータの隠れた特性や傾向を明らかにするのかを学びます。この節の目標は、度数分布表の作成方法とその意味、基本統計量の定義と利用方法を理解することです。さらに、データの中心的な傾向やばらつきを基本統計量から読み取るスキルを身につけ、ヒストグラムや箱ひげ図を作成し、可視化するメリットを確認します。

 分析のための準備を行ったので、ここから具体的なデータの分析を進めて行けるね。

 やった！ついに分析の本格的なステップに移るんですね！

 分析って聞くと、ちょっと難しそう…。

 心配ないよ。今回取り上げるのは、皆が日常的に使う平均値や中央値などの「基本統計量」と、これらを可視化する方法だ。

 基本統計量って数学で学んだことですよね？

 その通り。学校で学んだ概念をもう少し深く理解し、実際のデータの分析に応用していきましょう。

● 度数分布表とヒストグラム

　データの中心的な傾向を知るためには、まずそのデータがどのような分布をしているかを把握することが基本です。この把握に役立つのが**度数分布表**です。
　具体的にタクミさんのクラスのテストの点数で見ていきましょう。

2-5-1：タクミさんのクラスのテストの点数

生徒番号	国語	数学	情報	生徒番号	国語	数学	情報
1	76	50	58	21	86	83	83
2	77	77	80	22	78	73	79
3	72	66	70	23	77	71	74
4	87	83	95	24	80	71	75
5	70	68	79	25	83	79	79
6	81	72	86	26	67	70	70
7	75	65	74	27	81	82	85
8	88	76	89	28	86	64	84
9	80	59	73	29	74	74	85
10	80	77	79	30	74	67	64
11	70	51	50	31	61	66	64
12	82	68	80	32	85	93	94
13	78	67	76	33	87	85	93
14	81	73	80	34	75	71	87
15	86	77	93	35	67	61	63
16	75	73	74	36	72	80	78
17	72	65	67	37	87	75	78
18	76	87	83	38	80	73	79
19	75	64	68	39	78	63	71
20	75	68	80	40	78	82	78

2-5-2：タクミさんのクラスのテストの点数と度数分布表（完成前）

階級下限	階級上限	階級	国語	数学	情報
0	10	0～10点			
11	20	11～20点			
21	30	21～30点			
31	40	31～40点			
41	50	41～50点			
51	60	51～60点			
61	70	61～70点			
71	80	71～80点			
81	90	81～90点			
91	100	91～100点			

度数分布表は、データを一定の区間ごとにまとめ、各区間（階級）に含まれるデータの数（度数）を示します。これにより、**データの分布が視覚的に理解**できます。

では、2-5-1 の度数分布表を Excel で作ってみましょう。

Excel の表では、A 列に生徒番号、B 列に国語の点数、C 列に数学の点数、D 列に情報の点数が入っています。そして、F 列に階級の下限、G 列に階級の上限、H 列に階級が入っています。

> 読者特典にある Excel を実際に操作しながら読んでいってほしい。読者特典については 7 ページを参照のこと。

では、I 列、J 列、K 列にそれぞれの教科の、H 列に示された階級、すなわち点数の生徒が何人かを求めましょう。

まずは、「I2」にある、国語の点数が 0 から 10 点の人の人数を求めます。

ここでは、条件を理解しやすくするために **COUNTIF 関数**を用います。複数の検索条件に一致する度数を求めてくれます。国語の点数が書かれている「B2」から「B41」に示された国語の点数の一覧から、0点以上かつ10点以下の人の人数を求めます。入力する数式はこのようになります。

2-5-3：COUNTIF 関数

　絶対参照の設定をしているために「**$**」がセル番地の前についています。この設定により他のセルにコピーができますが、ここでは詳細な説明を省略します。

　また、他の方法としては、**FREQUENCY 関数**を用いて作成もできます。「I2」に以下のように入力してください。

2-5-4：FREQUENCY 関数

$$=FREQUENCY(B\$2:B\$41,G\$2:G\$10)$$

　この関数を利用すると簡単に度数分布表が作成できますが、どのような条件でこの度数（人数）が出力されたのかわからないので、本書では、COUNTIFS 関数を使って、度数分布表を作成することにしましょう。

2-5-5：タクミさんのクラスのテストの点数と度数分布表

階級下限	階級上限	階級	国語	数学	情報
0	10	0〜10点	0	0	0
11	20	11〜20点	0	0	0
21	30	21〜30点	0	0	0
31	40	31〜40点	0	0	0
41	50	41〜50点	0	1	1
51	60	51〜60点	0	2	1
61	70	61〜70点	5	14	7
71	80	71〜80点	22	16	19
81	90	81〜90点	13	6	8
91	100	91〜100点	0	1	4

度数分布表を利用することで、データ群を瞬時に把握し、データ解析の効率と精度を向上させることができます。また、度数分布表を用いて次に紹介するヒストグラムを作成しやすくなります。

　階級の中心値を**階級値**と呼びます。例えば、0 ～ 10 点の階級の階級値は 5 点、11 ～ 20 点の階級では 15.5 点です。

　各階級間隔を**階級の幅**といいます。2-5-2 の度数分布表では、0 ～ 10 点の階級の幅は 11、それ以降の階級の幅は 10 となっています。

　例えば、数学のテストで下から 15 番目の生徒の得点を知りたい場合、度数分布表を使って調査できます。50 点以下の生徒が 1 人、60 点以下の生徒が計 3 人（1+2）、70 点以下の生徒が計 17 人（3+14）なので、下から 15 番目の生徒の得点は 61 ～ 70 点の範囲と推定できます。

　度数分布表を利用することで、データ群を瞬時に把握し、データ解析の効率と精度を向上させることができます。

◉ヒストグラム

　データの分布を視覚的に捉える強力なツールとして**ヒストグラム**があります。度数分布表が情報を整理して表示する表であるのに対し、ヒストグラムはその**情報をグラフとして視覚化する**ため、直感的に理解しやすくします。

　ヒストグラムは、横軸にデータの階級、縦軸に階級に該当するデータの数（度数）を配置し、データの分布を描画します。特に数値データの分布を理解するのに適しています。

　では、Excel でヒストグラムを作成してみましょう。

読者特典の
Excel シートを
参照。

1. 国語のヒストグラムを作りましょう。階級が記された「H1」から「H11」を選択し、そのまま［Ctrl］を押しながら、国語の階級ごとの人数（度数）が書かれている「I1」から「I11」を選択します。

2. ［挿入］タブから［縦棒／横棒グラフの挿入］を選び、［2-D 縦棒］の［集合縦棒］を選びます。

3. 国語の点数ごとの集合縦棒グラフが作られます。次に、［＋］（グラフ要素）をクリックし、［軸ラベル］にチェックを入れて、それぞれ、［人数］と［得点］と入力します。さらに［目盛線］のチェックを外しましょう。

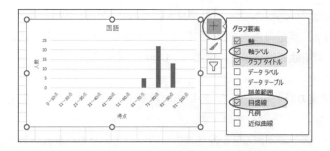

4. 棒グラフの棒の上で右クリックし、[データ系列の書式設定] を選びます。

5. [系列の重なり] と [要素の間隔] を「0%」にしてください。

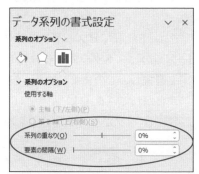

　ヒストグラムが完成しました。あとはグラフの大きさや色などを見やすいように整えてください。さらに、数学や情報のヒストグラムも作りましょう。国語のグラフをコピーして、データの範囲を変更すると、同じ書式であるヒストグラムを簡単に作ることができます。

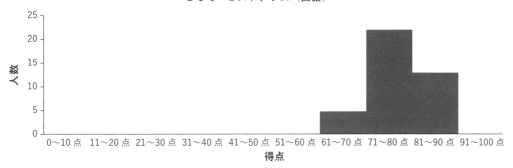

2-5-6：ヒストグラム（国語）

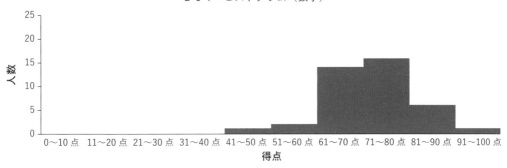

2-5-7：ヒストグラム（数学）

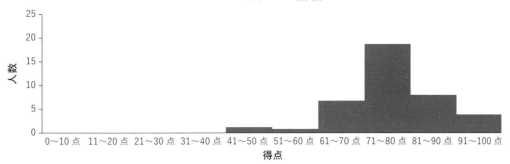

2-5-8：ヒストグラム（情報）

　Excel では、ヒストグラムを作る機能もあります（Excel2016 以降）。ただ、作成した度数分布表に合わせてヒストグラムを作るには、棒グラフから作る方法の方がわかりやすいために、今回はそのように作成しました。

　作成されたヒストグラムをみると、国語には 41～60点、91～100点の人はいませんが、数学と情報にはいることがわかります。ヒストグラムの利用メリットは、度数分布表の情報を「見る」ことで、データの傾向や特徴を迅速に把握できる点です。文字や数字の表よりもグラフ化することで、情報の収集や解釈が効率的になります。

● 基本統計量

データの集合やその中に潜むパターンを効果的に理解するためには、**基本統計量**が鍵となります。これらは**データの中心的傾向、ばらつき、そして偏りを示す指標**です。ここでは、平均値、中央値、最頻値という3つの基本統計量に焦点を当てます。

平均値は、データの合計をデータの数で割った値です。これはデータ全体の「代表値」としてよく用いられます。平均値は、すべての値を加算し、データ数で割ることで求められます。

中央値は、データを昇順や降順に並べた際の中央に位置する値です。データ数が奇数の場合は中央の値が中央値となり、偶数の場合は中央の2つのデータの平均が中央値です。

2-5-9：中央値

データの数が奇数の場合

1　2　2　③　4　4　9

中央値

データの数が偶数の場合

2　2　3　4　4　9

3.5

中央値

最頻値は、データの中で最も頻繁に現れる値です。データセット内で最も多く記録された値が最頻値となります。

2-5-10：最頻値

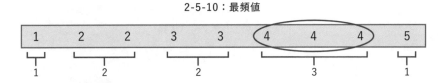

| 1 | 2 | 2 | 3 | 3 | 4 | 4 | 4 | 5 |

1　　2　　2　　3　　1

では、Excel で、国語と数学と情報のそれぞれの得点の平均値、中央値、最頻値を求めてみましょう。

読者特典のExcelシートを参照。

国語の平均点を求めましょう。平均値を求める関数は **AVERAGE** です。よって、国語の得点の範囲を指定し、「=AVERAGE(B2:B41)」と入力すると、「77.8」と出ました。同じく、中央値を求める関数 **MEDIAN**、最頻値を求める関数 **MODE.MULT** を入力し求めると、中央値は「78.0」、最頻値は「75」と出ます。ちなみに、最頻値が複数あった場合、下のセルにその値も表示されますが、今回は1つであったようです。同じように数学、情報も関数をコピーして、求めましょう。

2-5-11：Excel で平均点を求める

	国語	数学	情報
平均	77.8	71.7	77.4
中央値	78.0	71.5	79.0
最頻値	75	73	79

これらの指標で重要な違いは、外れ値の影響をどれだけ受けるかです。外れ値は他の値と大きく異なるデータのことをいい、平均値は外れ値の影響を強く受けます。一方、中央値はデータの

中央に位置するため外れ値の影響を受けにくく、最頻値は外れ値の影響をほぼ受けません。

 基本統計量の違いは日常生活や実際の状況でどのように役立つのでしょうか？

 非常にいい質問だね。1つの統計量だけに頼って情報を判断すると、誤解や間違った結論を導き出すことがあるんだ。例えば、クラスの平均点が高いと聞いても、それが一部の生徒によって引き上げられている可能性がある。このような場合、平均値だけでなく中央値や最頻値を調査することで、より正確なデータの性質を把握できるんだ。

 つまり、数字だけを鵜呑みにせず、背景を考慮することが大切なんですね。

 その通り。数字そのものよりも、その数字が伝える意味や背景に焦点を当てることが、正確な情報理解への鍵となるよ。

読者特典のExcelシートを参照。

　タクミさんのクラスにゲームが大好きな3人組（生徒番号4、8、18番の生徒）がいるとしましょう。このクラス全体の平均利用時間が60分ほどであっても、その3人組を除くと平均利用時間は15分ほどになります。中央値を見ると、その3人組がいる場合でも、いない場合でもおよそ15分、最頻値はどちらの場合も0分、すなわちゲームを利用していない生徒がもっとも多いことになります。

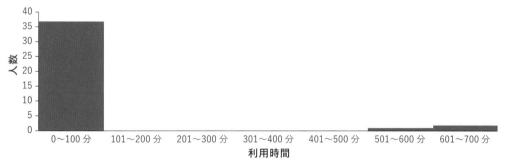

2-5-12：全員のゲームの利用時間のヒストグラム（平均60.3分）

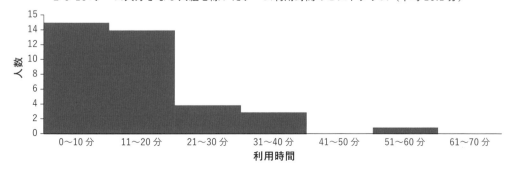

2-5-13：ゲーム大好きな3人組を除いたゲーム利用時間のヒストグラム（平均15.1分）

この例からわかるように、データを正確に解釈するためには、複数の基本統計量を考慮することが重要です。例外的なデータであるゲーム大好き 3 人組のような外れ値は、特に注意深く扱う必要があります。

● 箱ひげ図

箱ひげ図は、その名の通り、四角い箱の上下にひげのような形状がついているグラフです。この図は、**データの分布やばらつきを視覚的に示す**のに非常に役立ちます。ヒストグラムとは異なり、箱ひげ図は複数のデータ集団のばらつきを同時に比較することが可能です。

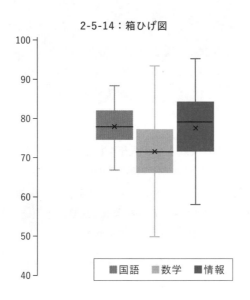

2-5-14：箱ひげ図

● 四分位数
しぶんいすう

箱ひげ図の核心は**四分位数**にあります。これは、データを小さい順に並べ、4 等分にした各点を示す値です。**第 1 四分位数**はデータの 1/4 番目、**第 2 四分位数（中央値）**はデータの真ん中、**第 3 四分位数**は 3/4 番目の点です。箱の中央の線が**中央値**を示し、データの分布が偏っている場合、平均値は箱の中央ではなく外側に表示されることもあります。

読者特典の Excel シートを参照。

数学のデータで箱ひげ図のそれぞれの値を確認してみましょう。

ひげの下端が最小値、箱の下の辺が第 1 四分位数、中央の線が中央値、上の辺が第 3 四分位数、ひげの上端が最大値、×が平均値として表されます。また、国語と情報には外れ値が示されています。Excel では、第 1 四分位数又は第 3 四分位数から、四分位範囲× 1.5 以上離れた値を外れ値として示すことになっています。

2-5-15：箱ひげ図

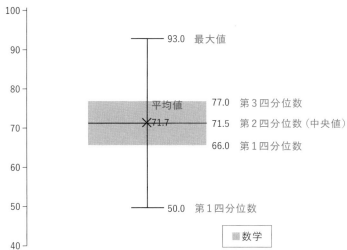

- 93.0　最大値
- 平均値　77.0　第3四分位数
- ✕71.7　71.5　第2四分位数（中央値）
- 66.0　第1四分位数
- 50.0　第1四分位数

■数学

 これなら1つのグラフでデータの特徴や変動がすぐに把握できますね！

 時系列やカテゴリー間の比較が直感的にできるのは本当に便利ですね！

 箱ひげ図はデータの分析の初心者にも使いやすく、データの背後にある物語を効果的に伝えることができるよ。

まとめ

　データの分析において重要なのは、データが示す中心的な傾向や分布の範囲を的確に把握することです。この章では、データの特徴を明らかにするための「基本統計量」に焦点を当て、度数分布表の作成、ヒストグラムや箱ひげ図を通じたデータの「可視化」の方法を学びました。

◆度数分布表
　度数分布表を作成し、データの分布を一定の区間ごとにまとめて把握しました。この表を活用することで、データの分布が一目で理解でき、データの分析の効率と精度を向上させることができます。

◆ヒストグラム
　度数分布表に基づいてヒストグラムを作成しました。ヒストグラムは、データの分布をグラフとして視覚化し、直感的な理解を促します。これにより、データの傾向や特徴を迅速に把握できます。

◆基本統計量
　平均値、中央値、最頻値といった基本統計量を学び、それぞれのデータの中心的傾向、ばらつき、偏りを示す指標としての役割を理解しました。これらの統計量は、データを正確に解釈するために複数の角度から考慮することが重要です。

◆箱ひげ図
　箱ひげ図の作成方法を学び、データの分布やばらつきを視覚的に示す方法を習得しました。箱ひげ図は、四分位数を用いてデータのばらつきを示し、外れ値の特定にも役立ちます。

問題1

解答は 174 ページ

データの中心的な特徴を理解するために役立つ表は何と呼ばれるか。

①散布図
②度数分布表
③箱ひげ図
④ヒストグラム

問題2

外れ値の影響を最も強く受ける基本統計量はどれか。

①中央値
②最頻値
③平均値
④範囲

問題3

箱ひげ図において、箱の中央の線が示す値は何か。

①平均値
②最頻値
③中央値
④最小値

2.6 標準偏差とデータの標準化

　中学生のときに学んだ平均値、中央値、最頻値はデータの分析の基本です。しかし、これらの基本概念だけではデータの全体像を完全に把握するのは難しいです。この節では、データのばらつきを示す分散、そして標準偏差について理解をし、データを比較可能な形に変換する標準化について学びます。標準化されたデータの解釈によって、データ背後の深い意味を探るスキルを身につけましょう。

 平均値、中央値、そして最頻値まで…これ全部覚える必要があるの？

 大切なのは、それらを使ってデータの背後に隠れた情報を探ることだよ。例えば、2-5-1 の表の数学と国語と情報の点数を比較してみたらどうかな。

 平均値を見ると、国語と情報は同じくらいで、数学は少し低いけど、思ったより違いはないね。

 中央値や最頻値を見てもそこまでの差はないね。

 それじゃあ、国語も数学も情報も同じくらい、みんなできたのかもしれないね。

 そうなのかな？ では、分散、標準偏差、標準化など、さらに詳しい分析をしてみましょう。

● 分散とは

　データの散らばり具合を表したものを**分散**と言います。分散はなぜ必要なのでしょうか。タクミさんとミライさんは国語、数学、情報の平均値、中央値、最頻値をみて、あまり差がないと判断しました。しかし、ヒストグラムをみるとデータの散らばり具合が違うことに気づくはずです。これで、3教科とも同じようなデータであると言えるでしょうか。この散らばり具合を、具体的な数値で表現したものが分散なのです。

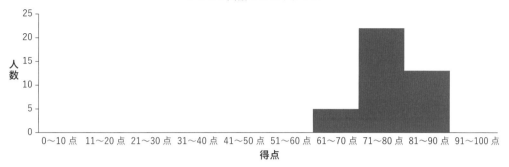

2-6-1：国語のヒストグラム

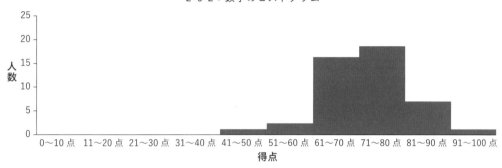

2-6-2：数学のヒストグラム

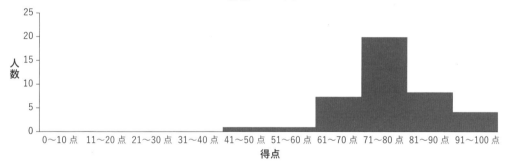

2-6-3：情報のヒストグラム

第
2
章

データの分析

 国語の点数はあまり散らばっていないけど、数学と情報の点数は散らばっているね。

　国語の平均点は 77.8 点、情報の平均点は 77.4 点でほぼ同じです。しかし、ミライさんが言うように、ヒストグラムをみると散らばり具合が違います。この時、情報は国語の点数より分散が大きい、逆に国語は情報の点数より分散が小さいと表現します。

　では、具体的にどのような数値で表されるのか、Excel で求めましょう。
　「B47」に国語の点数の分散を求めます。「= VAR.P（B2:B41）」と入れてください。**VAR** とは、Variance（分散）からとったもので、**.P** とは Population（母集団）からきています。母集団とは、その調査対象となっている集団のこ

読 者 特 典 の
Excel シートを
参照。

129

とです。つまり今回は、「B2」から「B41」の国語の点数を母集団として、分散を求めているわけです。

国語が出来たら、同じように数学と情報も求めてみましょう。

2-6-4：VAR 関数で分散を求める

43	国語	数学	情報
44 平均	77.8	71.7	77.4
45 中央値	78.0	71.5	79.0
46 最頻値	75	73	79
47 分散	=VAR.P(B2:B41)		
48 標準偏差			

2-6-5：分散を計算する

	国語	数学	情報
平均	77.80	71.73	77.43
中央値	78.0	71.5	79.0
最頻値	75	73	79
分散	38.01	79.85	93.44
標準偏差			

 国語の分散はおよそ 38.01 で、数学は 79.85、情報は 93.44 となったよ。

 私も同じ値になったよ。情報が一番大きくて、国語が一番小さいことはわかったのだけど、どういうことをさしているのかよくわからないな。

 そう、そこで標準偏差の出番です！

分散からデータの散らばり具合を知ることはできますが、そのままでは実際の単位や値として直感的に理解するのは難しいです。**標準偏差**は、**分散の平方根を取る**ことで求められ、**データの散らばりを直感的に捉えやすい形で示します**。標準偏差と分散の関係は次の通りです。

$$標準偏差 \ = \ \sqrt{分散}$$

では、Excel で計算してみましょう。「B48」に国語の点数の標準偏差を求めます。「B48」に「=STDEV.P(B2:B41)」と入力します。**STDEV** とは、Standard Deviation（標準偏差）からとったもので、**.P** は VAR.P と同じく、Population（母集団）からきています。標準偏差は **SD** と略されることが多いです。

読者特典の Excel シートを参照。

国語が出来たら、同じように数学と情報も求めてみましょう。

2-6-6：それぞれの教科の分散と標準偏差

	国語	数学	情報
平均	77.80	71.73	77.43
中央値	78.0	71.5	79.0
最頻値	75	73	79
分散	38.01	79.85	93.44
標準偏差	6.17	8.94	9.67

国語の標準偏差は 6.17 点、数学は 8.94 点、情報は 9.67 点か！

標準偏差の値からデータの散らばりが直感的に理解できるのね！

そう、例えば、平均に標準偏差を加えた値から、平均から標準偏差を引いた値の範囲（± SD）にあるかどうかで、その値が平均に近い値にあるか、それとも外れた値なのかを判断する基準の 1 つになるんだよ。例えば、プラス方向に外れているのならいい点数だと言え、逆にマイナス方向に外れているのならよくない点数である可能性があるよ。

　以下に、それぞれの教科の± SD 値のと、その範囲にいる人数とその割合を示しているので参考にしてください。

2-6-7：それぞれの教科の± SD 値のと、その範囲にいる人数とその割合

	国語	数学	情報
平均＋SD	83.97	80.66	87.09
平均 -SD	71.63	62.79	67.76
平均±SDの人数	27	29	29
その割合	67.5%	72.5%	72.5%

● データの標準化

　データの分析においては、単にデータの散らばりを理解するだけでは不十分で、異なるスケールや単位を持つデータ同士を比較する際に、それらを共通の基準で解釈することが重要です。このために、**標準化**という手法が用いられます。

　標準化は、**データの平均値を 0、標準偏差を 1 に変換**して、データを**均一な尺度で評価**することを可能にします。具体的には、標準化の式を利用します。

$$標準化データ = \frac{各データの値 - 平均値}{標準偏差}$$

　では、実際に計算してみましょう。Excel で計算するときには、**STANDARDIZE 関数**を用います。生徒番号 1 番の国語の点数を標準化するために「=STANDARDIZE(B2,B$44,B$48)」と入力します。すると「− 0.29」と出力されたと思います。生徒番号 40 までと数学、情報もコピーをしてすべての値を出力してください。

2-6-8：国語、数学、情報の標準化

生徒番号	国語	数学	情報	生徒番号	国語	数学	情報
1	−0.29	−2.43	−2.01	21	1.33	1.26	0.58
2	−0.13	0.59	0.27	22	0.03	0.14	0.16
3	−0.94	−0.64	−0.77	23	−0.13	−0.08	−0.35
4	1.49	1.26	1.82	24	0.36	−0.08	−0.25
5	−1.27	−0.42	0.16	25	0.84	0.81	0.16
6	0.52	0.03	0.89	26	−1.75	−0.19	−0.77
7	−0.45	−0.75	−0.35	27	0.52	1.15	0.78
8	1.65	0.48	1.20	28	1.33	−0.86	0.68
9	0.36	−1.42	−0.46	29	−0.62	0.25	0.78
10	0.36	0.59	0.16	30	−0.62	−0.53	−1.39
11	−1.27	−2.32	−2.84	31	−2.72	−0.64	−1.39
12	0.68	−0.42	0.27	32	1.17	2.38	1.71
13	0.03	−0.53	−0.15	33	1.49	1.49	1.61
14	0.52	0.14	0.27	34	−0.45	−0.08	0.99
15	1.33	0.59	1.61	35	−1.75	−1.20	−1.49
16	−0.45	0.14	−0.35	36	−0.94	0.93	0.06
17	−0.94	−0.75	−1.08	37	1.49	0.37	0.06
18	−0.29	1.71	0.58	38	0.36	0.14	0.16
19	−0.45	−0.86	−0.98	39	0.03	−0.98	−0.66
20	−0.45	−0.42	0.27	40	0.03	1.15	0.06

　これらの標準化された数値を見ると、平均からの離れ具合がマイナスやプラスで直感的に把握できます。

　実は16番は僕で、国語が75点、数学73点、情報74点だったんだ。いつも数学の点数がよくないから、今回は数学に力を入れて頑張ったんだけど、国語や情報とそんなに変わらない得点だったよ。

　確かに同じような点数だね。どの教科も同じくらいの成績ということになるのかな。

　標準化された値を見てごらん。国語が−0.45、数学が0.14、情報が−0.35となっているよ。この中では数学を頑張ったと言っていいんじゃないかな。

　あ、本当ですね。よかった！数学を国語や情報よりテスト前に頑張ったんです。

　でも、国語と情報がマイナスだから、平均よりは低いということよね。

　…そうなるね。

　このように異なるテストであっても、標準化することによって比較することができるんだよ。

　他にも生徒番号 21 の生徒のデータを確認してみましょう。国語 86 点、数学 83 点、情報 83 点です（2-5-1）。タクミさんより随分とよい得点ですが、どの教科も同じくらいよい点数と言えるのでしょうか。標準化された値をみてみると、国語 1.33、数学 1.26、情報 0.58 です（2-6-8）。国語と情報はほぼ同じ平均点であったのにもかかわらず、このように標準化された値は異なっていました。テストの平均点だけにとらわれてはいけないことがわかります。

◉ 外れ値と異常値の検討

　実際のデータの分析では、データの品質を保つために**外れ値**や**異常値**を除外しなければならない場面があります。2.4 で行った外れ値の除外とは異なり、データを標準化することによって新たに見えてくる外れ値や異常値もあります。

　ここからは標準化を活かして、データをさらに詳しく分析していきます。具体的な例を使って、どのような効果があるか確認しましょう。

　以下の表は、標準化した出席番号 1 ～ 5 の生徒の国語成績です。この中に、入力ミスが疑われるデータを 1 つ加えてみました。どのデータが異常だと思いますか。

2-6-9：標準化した国語の成績

生徒番号	国語（正）	国語（誤）
1	− 0.29	6.23
2	− 0.13	− 0.17
3	− 0.94	− 0.21
4	1.49	− 0.07
5	− 1.27	− 0.23

 1 番の生徒の国語（誤）のスコアが他のデータと比べて大きく異なっているね。

 当たり。1 番の生徒のスコアを誤って 10 倍の 760 点として入力してしまったんだよ。

 他の標準化された値はそこまで違和感のある数値ではないけど、生徒番号 1 の生徒の数値は明らかにおかしいと気づくことができるね。

　標準化は、データの分布を均一な尺度で評価することで、外れ値や異常値をより明確に識別する手助けとなります。つまり、標準化の大きなメリットの 1 つは、**隠れていた外れ値や異常値を可視化できる**ことです。

まとめ

　ここでは、平均値、中央値、最頻値といった分析以外にも重要であるデータの分析の基本的な手法として、標準偏差や標準化を取り扱いました。これらは多様な場面での応用が期待できます。

◆標準偏差
　データの散らばりの度合いを示す指標として用いられ、データが平均値からどれだけ離れているかを示す情報を提供します。データの分散を平方根で表したものです。

◆標準化
　標準化は、データの平均を 0、分散を 1 に固定する変換方法です。これにより、異なる尺度や単位を持つデータ間の比較ができます。

◆外れ値や異常値の検出と除外
　標準化はデータの特性や分布を均一な尺度で評価し、外れ値や異常値の識別を容易にするメリットがあります。

問題1

解答は175ページ

データの散らばり具合を示す指標は何か。

①平均値
②中央値
③分散
④最頻値

問題2

標準偏差を求めるために必要な計算は何か。

①平均値の算出
②分散の平方根
③最頻値の特定
④データの合計

問題3

データの標準化において、標準化されたデータの平均値と標準偏差はそれぞれどうなるか。

①平均値：0、標準偏差：1
②平均値：1、標準偏差：0
③平均値：0、標準偏差：0
④平均値：1、標準偏差：1

2.7 | 散布図と相関係数

　これまでにデータの基本的な特徴や分布について学んできましたが、この節では、異なる2つのデータ群間の関連性を探る新しい手法に焦点を当てます。まずは「散布図」を作成し、2つの異なるデータ群がどのように関連しているかを視覚的に捉える方法を学びます。次に、散布図から得られる洞察を基に、「相関係数」の計算に進みます。これにより、データ間の関係を数値でどのように表現するかを理解します。本節の目標は、散布図を用いてデータ間の関連性を視覚的に把握し、さらに相関係数の計算を通じて、その数値的な関連性を解釈できるようになることです。

先生、散布図っていうのは、具体的にどんなデータで作るんですか。

いい質問だね。散布図を作るには、関連を調べたい2つの異なるデータ群を選ぶ必要があるよ。例えば、勉強時間と成績みたいにね。

それって、アンケートの結果みたいなものを使うんですか。

そうだね。アンケートの結果も使えるよ。例えば、クラスの生徒たちから勉強時間と成績に関するデータを集めて、その2つの関係を散布図で示すことができる。

じゃあ、散布図で関係性を見ると、どんなことが分かるんですか。

散布図では、例えば勉強時間が長い生徒の成績がどうなっているか、その関係を視覚的に確認できるんだ。そして、そこから相関係数を計算することで、その関連がどれくらい強いかを数値で表すことができるよ。

なるほど、相関係数っていうのは、その数値で関連の強さを示すわけですね！

●散布図のつくり方

　散布図は、2つの変数間の関係を視覚的に表現する強力なツールです。データがどのように関連しているかを一目で理解することができ、特に2つの教科の成績のような数値データの分析に非常に有効です。では、具体的に散布図の作成方法を見ていきましょう。

読者特典のExcelシートを参照。

　タクミさんのクラスのテストの点数のデータを用いて、散布図を作ってみます。まずは、数学と情報の点数の散布図です。

1. 散布図を作成したいデータを選択します。数学の点数のデータである「C2」から「C41」を選択した後、情報の点数のデータである「D2」から「D41」を選択します（隣り合った選択範囲なので、一度に選択してもよいです）。
2. ［挿入］から［グラフ］の［散布図（X, Y）またはバブルチャートの挿入］から［散布図］をクリックします。

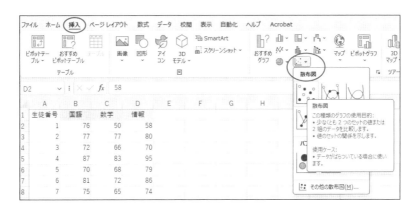

3. 数学と情報の点数に基づいた散布図が作成されます。

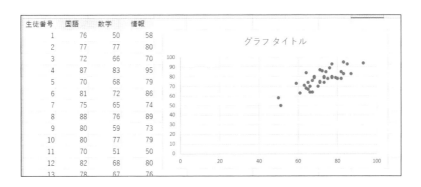

137

4. このままではデータを確認しにくいので、見やすくなるように設定します。まず、グラフタイトルを変更しましょう。「グラフタイトル」と書かれた場所をクリックし、「数学と情報の点数の散布図」と入力します。

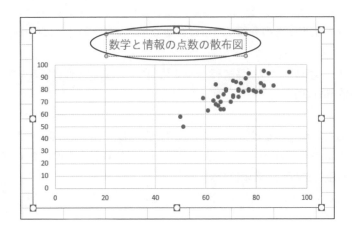

5. 次に、グラフの要素［＋］をクリックし、［軸ラベル］のチェックボックスにチェックを入れてください。

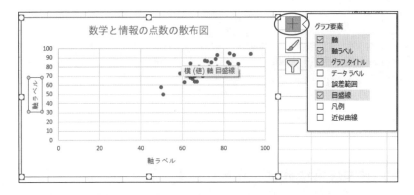

6. 横軸の「軸ラベル」に「数学」と入力し、縦軸の「軸ラベル」に「情報」と入力してください。

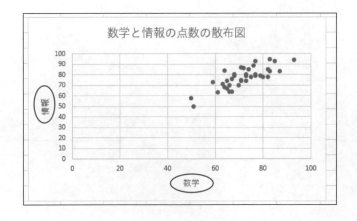

7. 数学の点数も情報の点数も 40 点未満の人はいないようなので、軸の範囲を 40 から 100 点と します。横軸を選択し右クリックで出たメニューから［軸の書式設定］を選びます。

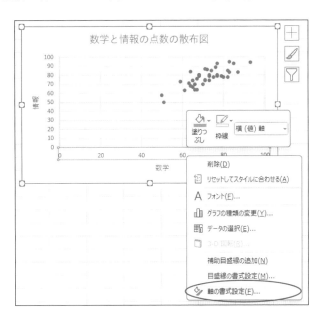

8. 軸の書式設定の［軸のオプション］の［境界値］の［最小値］を「40」と入力します。同じく、 縦軸も「40」とします。

9. これで完成です。同様の手順で、国語の点数と情報の点数の散布図、国語の点数と数学の点 数の散布図も作成しましょう。

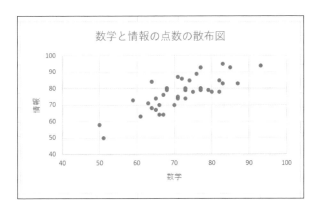

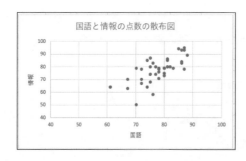

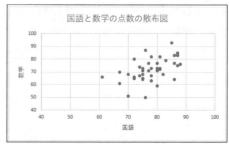

 思ったより簡単に作ることができたね。

 散布図は点で示されるグラフだけど、これから何が読み取れるんだろう？

 それが次のステップだね。散布図を通してデータをどのように解釈するか見ていきましょう。

● 散布図の読み取り方

　散布図は、2つのデータ間の関係性を視覚的に表現するグラフです。具体的には、2つの変数の値に基づいて、各データポイントがグラフ上にプロットされます。例えば、数学と情報の点数の散布図の矢印で記された点を見てください。

2-7-1：数学と情報の点数の散布図

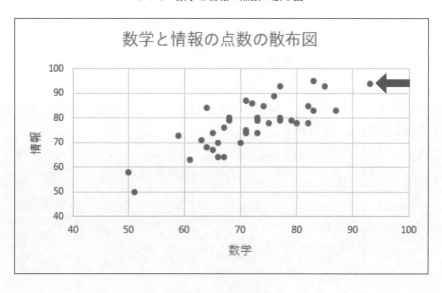

　矢印で示されている点は、数学の点数が 93 点、情報の点数が 94 点である人を表しています。プロットされている各点は個々のデータを示しますが、散布図の主な目的は、個々の点を分析するのではなく、全体の傾向や分布を把握することです。

 散布図にはたくさんの点があるけど、全体の傾向をどうやって読み取るんだろう？1つ1つの点を見るだけじゃ、全体のパターンがわかりにくいな。

 散布図では、個々の点よりも、全体の点の配置やパターンに注目することが大切なんだ。点の集まり方や広がり方を見ることで、数学と情報の成績の関連性が分かるよ。

 なるほど、点の配置で関連性が読み取れるのか。じゃあ、点が左下から右上に向かって集まっているのは、相関があるってことですか。

 正解！点が左下から右上に向かって集まるとき、それは一方の変数が増えるにつれてもう一方の変数も増える傾向にあることを示している。これを正の相関というんだ。

　散布図は、2 つのデータセット間の関係性を視覚的に把握するために非常に有用です。散布図を解釈する際には、以下の基本的なポイントを把握しておくと、データの関係性をより明確に理解できます。

　データポイントが右上方向に伸びている場合は、**正の相関**が存在することを示しています。この場合、相関係数は**正の値（プラスの値）**を取ります。

2-7-2：正の相関がある散布図

　データポイントが右下方向に伸びている場合は、**負の相関**が存在することを示しています。相関係数は**負の値（マイナスの値）**を取ります。

2-7-3：負の相関がある散布図

　データポイントが特定の方向性を持たずに散らばっている場合は、データ間に明確な関係性がない、つまり**無相関**であることを示唆します。

2-7-4：無相関

すべてのデータが正か負の相関を持つわけじゃないんですね。

データの関係性がない場合もあれば、非常に微弱な関係性を持つ場合もあるよ。

数学と情報の点数は関連がありそうだけど、国語と情報の点数にも関連がありそう。国語と数学もあるように見えるな。それぞれ関連の強さを表すことはできないのかな。

いい視点だね。その相関の強さを具体的に示すものが相関係数というんだ。実際に求めてみよう。

◉相関係数の求め方と考察

タクミさんのクラスの数学と情報の点数のデータを用いて相関係数を求めてみましょう。

相関係数を求める関数は **CORREL** といいます。これは、英語の correlation（相関）からきています。

1. 相関係数を求めたいセルを選択します（「P4」）。
2. 数式バーに「=CORREL(　」と入力したら、数学のデータ（「C2」から「C41」まで）を選択し、カンマ（,）を入力します。すると「=CORREL(C2:C41,」となります。

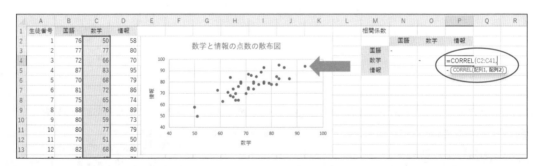

3. 次に情報のデータ（「D2」から「D41」まで）を選択します。

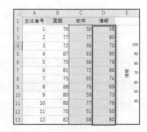

4. 最後に Enter キーで確定すると、数学と情報の点数の
   相関係数が求められます。

相関係数	国語	数学	情報
国語	-		
数学		-	0.79
情報			-

5. 同じく、「国語と数学の点数」、「国語と情報の点数」
   の相関係数を求めてみましょう。

	国語	数学	情報
国語	-	0.49	0.70
数学		-	0.79
情報			-

　相関係数の計算結果は、数学と情報のテストで 0.79、国語と数学では 0.49，国語と情報では 0.70 となりました（小数点第 3 位を四捨五入し、第 2 位まで表示しています）。相関係数は－ 1 から 1 までの値をとり、その値の絶対値が大きい方が、関連性が高いことを表しています。参考までに、相関係数の値と相関の強さの基準の目安と、その散布図の特徴を示します。

2-4-5：相関係数の値と相関の強さの基準

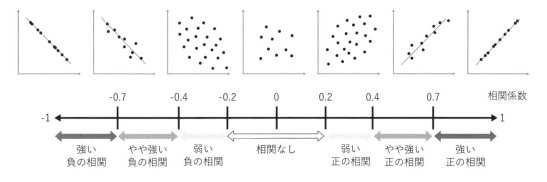

この結果から、国語と数学の関連性よりも、数学と情報、国語と情報の方が関連が強いってことが言えますね。

その通り。国語と数学の点数の関連もある程度はあるけれど、数学と情報、国語と情報のテストの点数の関連はもっと強い正の相関があると言えるね。

じゃあ、情報の勉強をすれば、国語と数学のテストの点数が上がるってことかな？情報の点数が高い人は国語と数学の点数も高いことがわかったことだし。

相関係数や散布図からは、数学と情報、国語と情報の点数に相関関係があることは分かるけど、それが因果関係を意味するわけではないんだ。この点については、2.10 で詳しく学ぼう。

143

まとめ

◈ Excel による散布図の作成

　Excel はデータの分析と可視化に非常に有用です。散布図は Excel を使って簡単に作成でき、データの関係性を直感的に理解するのに役立ちます。Excel の散布図ツールを使用すると、軸ラベルの追加やグラフの調整を行うことが可能です。

◈ 散布図の役割

　散布図は、2つの変数の関係を視覚的に示すツールです。グラフ上にプロットされたデータポイントを通じて、変数間の相関関係（正の相関、負の相関、無相関）を把握できます。散布図のパターンから、データの関連性を理解することができます。

◈ 相関係数とは

　相関係数は、2つの変数間の関係の強さと方向を示す数値です。値は -1 から +1 までの範囲で、+1 は完全な正の相関、-1 は完全な負の相関を意味し、0 は無相関を示します。相関係数の絶対値が大きいほど、関係性は強くなります。

◈ 相関係数の計算

　Excel の CORREL 関数を使用して、簡単に2つの変数の相関係数を計算できます。この計算により、数値でデータ間の関連性を具体的に把握することが可能になります。

◈ データの解釈

　散布図と相関係数を通じて得られた情報の適切な解釈について学びました。特に、相関関係と因果関係の違いについての理解は重要です。

問題 1

解答は 175 ページ

以下の散布図は、タクミさんのクラスでの理科と社会のテストの点数を示している。
この散布図から読み取れることを選びなさい。

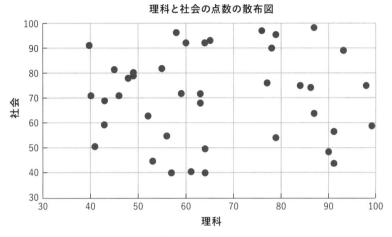

①理科と社会の点数には強い負の相関がある。

②理科と社会の点数には相関関係がない。

③理科と社会の点数には強い正の相関がある。

④理科の点数が高いほど、社会の点数は低くなる。

問題 2

以下の記述のうち、正しいものを選びなさい。

①相関係数が正の値の場合、2 つの変数間には負の相関があることを意味する。

②相関係数は、-1 から 1 の範囲の値をとり、0 に近いほど強い相関があることを示す。

③散布図は、2 つの変数間の関係を視覚的に示すために使用される。

④散布図上の点がランダムに散らばっている場合、2 つの変数間に強い相関関係がある。

問題 3

以下の記述のうち、正しいものを選びなさい。

①散布図でデータが左下から右上方向に伸びている場合、負の相関が存在すること
　を示している。

②相関係数が 1 に近い場合、2 つの変数間には関係性がないことを意味する。

③散布図は、データセットの標準偏差を計算するために使用される。

④相関係数の計算には、Excel の「CORREL」関数を使用できる。

2.8 | 回帰分析

　データの分析において、特定の要素が結果にどう影響するかを理解することは重要です。この節では、データの傾向と他の要素との関連性を明らかにするための回帰分析に焦点を当てます。回帰分析は、データ間の関係を数値で表現し、予測の手法を提供します。また、実際のデータと予測値の違い、すなわち「残差」の理解と、予測の正確さを測る「決定係数」についても学びます。

 相関係数は関連の強さを示すけれど、実は具体的な影響を数値で表現することはできないんだよ。

 え、じゃあ、データ間の関係をもっと詳しく知りたいときはどうすればいいんですか。

 「回帰分析」をするんだ。回帰分析では、1つのデータが他のデータにどのように影響するかを数式で表現し、データの背後にある詳細を見つけ出すんだよ。

 なるほど、数学的なアプローチでデータの関係を見るんですね。

 そういうこと。そして、数式から予想される値と実際のデータの差が「残差」なんだ。これを通じて、予想が実際のデータをどれだけ正確に反映しているかを評価するんだよ。

 回帰分析と残差を理解することで、データをより深く読み解くことができるんですね！

 その通りだよ。データの背後に隠れたパターンを見つけて、より正確な予想や判断を下す手助けになるんだ。

● 説明変数と目的変数

　データの分析では、実際の現象や結果が多くの異なる要素によって形成されていることが一般的です。**回帰分析**は、これらの複雑な関係性の中で、特定の要因が結果にどの程度影響を与えるかを理解するための重要な手法です。もう少し簡単に言うと、回帰分析では、**1つの変数（説明変数）が別の変数（目的変数）にどのような影響を及ぼしているかを数値化し、その関係性を明**

らかにします。この関係性を図解化すると以下になります。

2-8-1：説明変数と目的変数の関係

原因　　　　　影響する　　　　　結果

 例えば、勉強時間（説明変数）がテストの点数（目的変数）にどのような影響を与えるかを分析することができるんだよ。

 なるほど、勉強時間が長いほど点数が高くなるかどうかを数値で示すんですね。

 その関係をグラフにするとどうなるんですか。

 実際には、数学の点数と情報の点数のようなデータを使って、散布図にプロットし、その上に回帰直線を引くんだ。この回帰直線が、説明変数と目的変数の関係を示すんだよ。

● 回帰直線

　回帰直線は $y=ax+b$ の形式で表されます。ここで y は目的変数（例えばテストの点数）、x は説明変数（例えば勉強時間）、a は直線の傾き（変化の度合い）、b は y 切片（x が 0 のときの y の値）です。Excel を使用して、これらの値を計算し、データの傾向を把握することができます。この直線によって、例えば「勉強時間が 1 時間増えると、テストの点数が何点増えるか」といった具体的な関係を数値で表現できます。

　では、具体的に Excel を使って、情報のテストの点数を目的変数、数学のテストの点数を説明変数として、回帰直線とその式を出力してみましょう。

> 読者特典の Excel シートを参照。

1. 「数学と情報の点数の散布図」を選択し、グラフの要素［＋］から［近似曲線］の右の矢印を選び、［その他のオプション］を選びます。

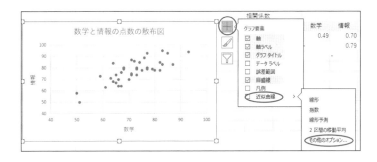

2. ［近似曲線の書式設定］から［近似曲線のオプション］の［線形近似］を選びます。

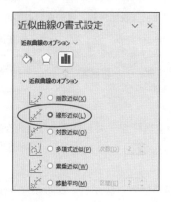

3. 同じく［近似曲線の書式設定］から［グラフに数式を表示する］のチェックボックスにチェックを入れます。

4. 数式が表示されたので、その数式を見やすい位置に動かしてください。

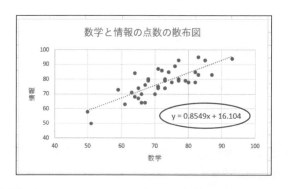

$y = 0.8549x + 16.104$

　これは、**回帰直線の回帰式**といって、「**情報の点数 =0.8549 ×数学の点数 +16.104**」ということを表しています。つまり、0.8549 は数学の点数が 1 点上がるごとに情報の点数がどれだけ増加するのかを表しています。今回は正の数ですが、負の数であった場合は、減少するということです。また、「+16.104」は数学の点数が 0 点の時の情報の予想点数を表しています。

　ただ、この分析で重要なのは、この分析結果が数学の勉強が情報の点数に直接的な影響を与えると断定するものではないということです。実際のデータと予測値の関係は、他の多くの要因によっても影響を受ける可能性があります。したがって、このモデルは 1 つの指標として役立ちますが、結果の解釈には慎重に行う必要があります。

先生、回帰直線はとても役立つけど、実際のデータはいつもこの直線に完全に沿っているわけじゃないですよね。

その通り。実際のデータは回帰直線から多少ずれることが普通だよ。そのずれ、つまり実際のデータポイントと回帰直線との差が「残差」になるんだ。

 残差？

 残差は、予測と実際のデータとの間の差を示しているんだ。これによって、モデルがどれだけデータをうまく説明できているかを評価できるんだよ。

● 残差

回帰直線がデータの傾向を捉えるのに役立つ一方で、**実際のデータ点がその直線からどれだけ離れているかを示す**のが**残差**です。残差は、実際の観測値と回帰直線上の予測値との差を表し、この差が小さいほど、回帰モデルがデータをよく表現していると言えます。残差の視覚化を通じて、モデルがどれほどデータに適合しているかを評価できます。

2-8-2：数学と情報の散布図

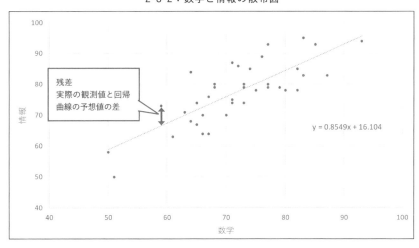

残差
実際の観測値と回帰
曲線の予想値の差

y = 0.8549x + 16.104

 残差って具体的に何を教えてくれるんですか。

 残差は、予測した結果と実際のデータ値との差を示すんだ。この差が小さいほど、予測がデータを正確に表していると言えるよ。

 じゃあ、残差が大きいと、予測が何か重要なことを見逃している可能性があるってことですか。

そうだね。残差が大きい場合は、予測がデータの重要な側面を捉えていないことがある。だから、残差を詳しく分析することで、予測の正確性を高めるための手がかりを見つけ出すことができるんだよ。

 なるほど、残差を注意深く見ることで、予測をより正確にできるわけですね！

 その通り。それでは、Excel を使って実際に残差を計算してみよう。こうすることで、予測の正確さをより深く理解することができるからね。

　残差を求めるためには、**Excel の「分析ツール」を有効化**する必要があります。以下の手順で有効化してください。

1. Excel の［ファイル］タブをクリックし、［オプション］を選択します。
2. ［アドイン］カテゴリを選び、［管理］ドロップダウンメニューで［Excel アドイン］を選択し、［設定］をクリックします。
3. ［分析ツール］のチェックボックスをオンにして、［OK］をクリックします。

● 残差の計算

1. ［データ］の［データの分析］をクリックします。

2. [データの分析］の［分析ツール］から［回帰分析］を選びます。

3. [回帰分析] の［入力元のY範囲］に、情報の点数の範囲「D1」から「D41」を選択して入力します。同じく［入力元のX範囲] に、数学の点数の範囲「C1」から「C41」を選択して入力します。また、［ラベル］と［残差］のチェックボックスにチェックを入れて、出力のオプションが［新規ワークシート］になっていることを確認して、［OK］をクリックします。

4. 新たに作られたシートの「残差出力」に残差が出力されています。

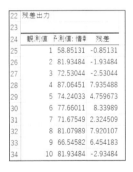

　実際の値と予測値との差である「残差」が出力されました。

　では、数学と情報の点数の回帰直線の残差を調べた手順と同じ手順で、国語と情報の点数でも回帰直線と残差を確認してみましょう。

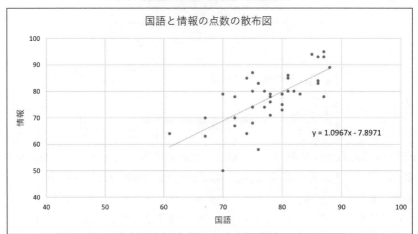
2-8-3：国語と情報の散布図と残差出力

22	残差出力		
23			
24	観測値	予測値：情報	残差
25	1	75.45097	-17.451
26	2	76.54765	3.452348
27	3	71.06423	-1.06423
28	4	87.5145	7.485497
29	5	68.87086	10.12914
30	6	80.93439	5.065608
31	7	74.35428	-0.35428
32	8	88.61119	0.388812
33	9	79.83771	-6.83771
34	10	79.83771	-0.83771

$y = 1.0967x - 7.8971$

数学と情報の点数の回帰式と同じように、「情報の点数＝1.0967×国語の点数-7.8971」ということを表しています。つまり、1.0967は国語の点数が1点上がるごとに情報の点数がどれだけ増加するのかを表しています。

数学と情報の点数の式の傾きが0.8549で、国語と情報の点数の式の傾きが1.0967ということは、数学の点数より、国語の点数のほうが情報の点数に影響を与えているということになるのかな。

その結果だけ見ると、数学の得点が1点上がると情報の点数がおよそ0.9点上るけど、国語の点数はおよそ1.1点上ることになるね。でも、少し納得いかない部分があるんだよね。

どんなところに納得がいかないの？

この回帰式ってあくまで実際の得点から予測された式だよね。その予測された式の傾きが大きいからといって、必ずしも国語の方が影響が大きいとは限らないよ。

確かにそうだね。残差をみても、数学と情報の点数より、国語と情報の点数の方が差が大きいように見えるし、散布図と回帰直線を見ても、実際のデータに近いのは数学と情報の点数の回帰直線なんだよね。

 2人ともいい視点だね。回帰直線が実際のデータにどれだけ適合しているかを調べることができるんだ。それを「決定係数」と言うよ。

● 決定係数

　決定係数は、予測式が実際のデータにどれだけ合致しているかを示す指標です。**この数値が0に近い場合、予測式がデータの変動を十分に表していない**ことを意味します。逆に、**数値が1に近い場合は、データの変動を効果的に予測している**ことを示しています。では、先ほど残差を確認したシートをみてみましょう。

　「回帰統計」の「重決定 R2」と書いてある欄をみてみましょう。数学と情報の得点の回帰直線の決定係数は 0.625 とあり、国語と情報の得点の回帰直線の決定係数は 0.489 となります。つまり、数学と情報の得点の回帰直線の方が精度は高いという評価であることが示されているのです。

読者特典のExcelシートを参照。

2-8-4：数学と情報の点数の回帰直線の説明変数（左）と
国語と情報の点数の回帰直線の説明変数（右）

回帰統計	
重相関 R	0.790
重決定 R2	0.625
補正 R2	0.615
標準誤差	6.077
観測数	40

回帰統計	
重相関 R	0.699
重決定 R2	0.489
補正 R2	0.476
標準誤差	7.088
観測数	40

● 重回帰分析

 先生、国語と数学、どちらも情報の点数に影響を与えているように見えますが、これまでの分析では1つの科目だけを見ていましたよね。

 その視点はとても重要だね。今まで我々が行っていたのは、単回帰分析と呼ばれる方法で、1つの説明変数で目的変数を予測するものだった。しかし、現実には複数の要因が結果に影響を及ぼすことが多いんだ。

 じゃあ、数学と国語の両方の点数を使って情報の点数を予測することはできないんですか。

もちろんできるよ。それを可能にするのが重回帰分析だ。重回帰分析では、複数の説明変数を使用して目的変数を予測する。これにより、より複雑な現象の理解が可能になるんだ。

 つまり、数学と国語の点数が両方とも情報の点数にどのように影響するかを同時に分析することができるんですね。

 その通り。複数の変数を同時に分析することで、より現実に近い予測が可能になるんだ。それでは、Excelで重回帰分析を試してみよう。

重回帰分析は、**複数の説明変数と1つの目的変数との関係を分析する手法**です。この分析では、各説明変数の影響力を数値化し、それらが目的変数にどのように影響するかを理解します。例えば数学と国語の点数（説明変数）が、情報の点数（目的変数）に影響を与えているという関係を図示すると以下のようになります。

2-8-5：数学と情報の散布図

原因　　　　　　　　　　　　　　　結果

説明変数1
（数学の点数）

目的変数
（情報の点数）

説明変数2
（国語の点数）

また、重回帰分析の一般的な式は次のように表されます：

$$y = a_1x_1 + a_2x_2 + \cdots + a_nx_n + b$$

yは目的変数（情報の点数）、「$x_1 + x_2 + \cdots + x_n$」は説明変数（数学と国語の点数）、「$a_1 + a_2 + \cdots + a_n$」は各説明変数の係数（それぞれの変数が目的変数に与える影響の大きさ）、bはy切片（すべての説明変数が0のときの目的変数の値）です。

重回帰分析では、これらの係数 $a_1 + a_2 + \cdots + a_n$ がどのように目的変数yに影響を与えるかを明らかにすることを目標とします。今回の例ならば、数学の点数が1点上がると、情報の点数がどれだけ上がるか、また国語の点数が1点上がると情報の点数がどれだけ上がるかを同時に分析することができます。

この分析を通じて、**複数の要因が複雑に絡み合う現象をより正確に理解し、予測することが可能**になります。重回帰分析は特に、多くの異なる要因が同時に影響を及ぼす現象を分析する際に有効です。

読者特典のExcelシートを参照。

では、Excelで実際に操作をしてみましょう。

1. [データ] の [データの分析] をクリックします。
2. [データの分析] の [分析ツール] から [回帰分析] を選びます。
3. [回帰分析] の [入力元の Y 範囲] に、情報の点数の範囲 D1 から D41 を選択して入力します。
   同じく [入力元の X 範囲] に、数学と国語の点数の範囲 B1 から C41 を選択して入力します。
   また、[ラベル] と [残差] のチェックボックスにチェックを入れて、出力のオプション [新規ワークシート] になっていることを確認して、[OK] をクリックします。

	A	B	C	D	E	F	G	H	I
1	概要								
2									
3		回帰統計							
4	重相関 R	0.867416							
5	重決定 R2	0.752411							
6	補正 R2	0.739027							
7	標準誤差	5.001171							
8	観測数	40							
9									
10	分散分析表								
11		自由度	変動	分散	引された分散	有意 F			
12	回帰	2	2812.342	1406.171	56.2205	6.08E-12			
13	残差	37	925.4333	25.01171					
14	合計	39	3737.775						
15									
16		係数	標準誤差	t	P-値	下限 95%	上限 95%	下限 95.0%	上限 95.0%
17	切片	-18.3241	10.14708	-1.80584	0.079083	-38.884	2.235885	-38.884	2.235885
18	国語	0.643435	0.147221	4.370534	9.66E-05	0.345136	0.941733	0.345136	0.941733
19	数学	0.637014	0.101574	6.271422	2.7E-07	0.431205	0.842823	0.431205	0.842823
20									

　回帰統計の「**重決定 R2**」と書いてある欄、すなわち決定係数がおよそ 0.75 となっています。すなわち、目的変数の情報の点数を、説明変数である数学と国語の点数がある程度の精度で説明できていることを示しています。しかし、重回帰分析では「**補正 R2**」の欄も確認すべきです。これは**自由度調整済み決定係数**といいます。詳しい説明は省きますが、決定係数は、変数の数が多いほど値が大きくなるという性質があるため、重回帰分析では補正 R2（自由度調整済み決定係数）の値を確認する必要があります。今回は、およそ 0.74 であり、ほぼ変わりありませんので、ある程度の精度で説明ができていると判断します。

　示された Excel の表から国語の係数がおよそ 0.64、数学の係数がおよそ 0.64、y 切片がおよそ − 18.32 となります。よって、回帰式は

　　$y = 0.64x_1 + 0.64x_2 - 18.32$

となり、「情報の点数 =0.64 × 国語の点数 ＋ 0.64 × 数学の点数 -18.32」ということを表しています。この分析から、国語と数学の点数が情報の点数に与える影響がほぼ同等であることがわかります。重回帰分析を通じて、複数の要因が結果にどのように影響するかをより正確に理解し、予測することが可能になるのです。

先生、Excel での分析結果には他にもいろんな数値が出ているけど、それらについて今回は無視していいんですか。

 タクミさん、それはよい質問だね。実は、重回帰分析の結果には色々な統計値が出てくるんだ。例えば、Excel の表に示されている P 値、有意 F、t 値などは確認しておきたいね。しかし、今回は基本的な部分だけに焦点を当てているよ。もちろん、全ての数値を詳しく理解することは、より深いデータの分析には必要だけど、初学者にはその全てを網羅するのは難しいからね。

 じゃあ、今回は数学と国語の点数だけで情報の点数を分析することに集中するってことですね。

 その通り。実際にはもっと多くの変数や要素が関係してくる可能性がある。でも、データの分析を始める時は、まずは単純なモデルから始めて、徐々に複雑さを増していくのがいい方法だよ。

 なるほど、一歩ずつ前に進むのが大事なんですね。

 データの分析は、多角的な視点からアプローチすることが大切だね。今回の分析で得られた知見を基に、さらに多面的な分析を進めていくことができるようになるよ。

まとめ

◆回帰分析
　回帰分析の目的：回帰分析は、特定の結果（目的変数）と 1 つまたは複数の影響要因（説明変数）間の関係を数値化し、その相互作用を明らかにするための分析手法です。
視覚化の重要性：散布図にデータを表示し、そこに引かれる直線を通じて、要因と結果の関連性を視覚的に理解することができます。

◆残差
　残差：直線による予測値と実際のデータとの間の差異を指します。この差が小さいほど、予測はデータを適切に表していると言えます。
予測の評価基準：残差の分析は、予測の正確性やデータとの一致度を評価する上での重要な手段となります。

◈決定係数

決定係数：決定係数は、予測がデータにどれだけ合致しているかを示す数値で、予測の精度を評価する指標です。

数値の解釈：決定係数が0に近い場合は、予測がデータの変動をうまく説明していないことを示し、1に近い値を示す場合は、予測がデータの変動を効果的に捉えていると考えられます。

問題1

解答は176ページ

情報の授業の点数を予想する際に、数学の点数を用いた式が $y=0.8549x+16.104$ で与えられた。この式に基づくと、数学の点数が1点増加すると情報の点数はどのように変化すると予想されるか。

①0.8549点増加する。
②16.104点増加する。
③1点減少する。
④変化は不定である。

問題2

情報のテストの点数を、国語と数学の点数を基に予測しようとしている。2つの異なる科目の成績を基にして、もう一つの科目の成績を予測する際に使用する最も適切な分析手法を選択しなさい。

①単回帰分析　②残差分析
③重回帰分析　④散布図分析

問題3

決定係数が0.75の場合、情報の点数を予想する際に数学と国語の点数がどの程度影響を与えているかを最もよく表しているのはどれか。

①数学と国語の点数は、情報の点数にほとんど影響を与えていない。
②数学と国語の点数は、情報の点数に完全に影響を与えている。
③数学と国語の点数は、情報の点数にある程度影響を与えている。
④数学と国語の点数と情報の点数の関係はランダムである。

2.9 | 仮説検定

　私たちが立てた予想が単なる偶然の結果なのか、それとも一般的な傾向を示しているのかを調べるための統計的なアプローチです。たとえば、あるクラスのテスト平均点が隣のクラスよりも高い場合、それが単なる偶然なのか、それともそのクラスの実際の成績がよいのかを分析するために使います。

　この分析では最初に「クラス間で成績に差はない」という予測を立てます。次に、実際のテストの点数を使って、この予測が一般的に起こりうるものなのか、それとも非常に珍しいことなのかを計算します。もし結果が珍しいものであれば、それは単なる偶然とは言えず、他の要因が影響している可能性が高いと考えます。このような統計的な判断を下す際には、Excel などのツールを利用して計算を行うことができます。この節では、具体的に Excel を使って仮説検定を行う方法について学びます。

 悔しいなぁ。情報のテストでクラスの平均点が 77.4 点だったんだ。でも隣のクラスは 79.5 点で、ちょっとだけ上だったんだよね。

 そうなんだ。でも、そんなに大きな差じゃないようにも思えるけどね。

 じゃあ、この差がたまたまなのか、それとも何か意味があるのかデータの分析の手法を使って調べてみるのはどうだろう？

 えっ、そんなことができるのですか？

 もちろんだよ。データの分析には、そういうデータの違いを調べる方法があるんだ。それが「仮説検定」と呼ばれる手法だよ。これを使えば、テストの点数の差がただの偶然なのか、それとも何か他の要因があるのかを見極めることができるんだ。

● 仮説検定の基本

　仮説検定の考え方を理解するためには、まず**統計的推測**の基本から理解をしましょう。統計的推測とは、**手に入れたデータの一部から、より広範な集団の全体的な傾向を予想する方法**です。例えば、クラスの何人かの生徒のテスト点数から、そのクラス全体の平均点を推測することがで

きます。この場合、クラス全体が**母集団**に該当し、選ばれた生徒の点数が**標本**となります。

　この推測の手順は、**仮説検定**につながっています。仮説検定は、**実際のデータを使って、特定の考えや推測が正しいかどうかを統計的に評価する方法**です。具体的には、少数の抽出されたデータを基にして、より大きな集団全体についての結論を導き出します。例えば、タクミさんのクラスと隣のクラスのテスト成績に統計的に意味のある違いがあるかどうかをこの方法で検証することができます。

　仮説検定では、初めに「クラス間に成績の差はない」という予想を立てます。これが**帰無仮説**と呼ばれるものです。その後、実際のテストの点数を使って、この予想がどれくらい当てはまるかを検証します。得られたデータが帰無仮説から大きく外れていれば、それは偶然の範囲を超えていると考えられ、何か他の要因が影響している可能性があります。このような検証を通じて、データの背後にあるより深い事実や傾向を理解し、より妥当な判断を下すことが目的です。

◉ 仮説検定の手順

①仮説の設定

　仮説検定を始めるには、まず調べたいことに関する**帰無仮説**と**対立仮説**を設定します。帰無仮説は通常、変化や違いが「ない」とする仮説です。例えば、タクミさんのクラスと隣のクラスのテストの平均点に差があるか調べる場合、「タクミさんのクラスと隣のクラスのテスト平均点には差がない」というのが帰無仮説になります。一方、対立仮説はこの逆で、「タクミさんのクラスと隣のクラスのテスト平均点には差がある」とします。

②有意水準の設定

　次に、帰無仮説を棄却するかどうかの基準となる**有意水準**を決めます。これは、**帰無仮説が実際は正しいのに、誤って棄却してしまう確率の上限を設定する**ものです。よく使われる有意水準は 5% や 1% です。つまり、この確率以下の場合にのみ、帰無仮説を棄却することにします。

③確率の計算

　実際のデータを使って、帰無仮説の下で観察された結果がどれくらいの確率で起こり得るかを計算します。この確率が非常に低い場合、観察された結果は珍しいものであり、帰無仮説に疑いを持つべきであると考え、「仮説の評価」へと進みます。

④仮説の評価

　計算された確率を先ほど設定した有意水準と比較します。この確率が有意水準よりも小さい場合、帰無仮説は棄却され対立仮説が支持されることになります。つまり、タクミさんのクラスと隣のクラスのテスト平均点には、統計的に意味のある差があると考えられます。

これらのステップを、実際のデータを用いて具体例で見ていきましょう。

> 例題：コインを 10 回投げたとき、表が 9 回、裏が 1 回出る結果が得られました。このコインは公平でしょうか？

①仮説の設定

　仮説検定の最初のステップは、検証したい仮説とは逆の帰無仮説を設定することです。この例題では、帰無仮説は「このコインは公平であり、表と裏が出る確率は等しい」というものです。それに対して、私たちが本当に知りたい仮説、つまり対立仮説は、「コインは表の方が出やすい」というものです。

②有意水準の設定

　仮説検定において、帰無仮説を否定するかどうかを決めるために有意水準を設定します。有意水準は通常、5%（「$\alpha = 0.05$」と表されることが多いです）や 1%（$\alpha = 0.01$）のように設定されます。例えば、有意水準を 5% に設定した場合、実験の結果が偶然に起きる確率が 5% 以下だと、その結果は偶然ではないと判断し、帰無仮説を否定します。

　仮説検定には、片側検定と両側検定という 2 つのアプローチがあります。

片側検定：片側検定は、**結果がある特定の方向にのみ偏ることを検証する場合**に使用されます。例として、新しいトレーニング方法を導入したサッカーチームにおいて、トレーニングの効果を評価する場合がこれに当たります。ここでの検証目的は、「新しいトレーニング方法は選手のスピードを向上させるか」という点とします。つまり、この場合はスピードの向上のみに焦点を当てているのです。スピードが低下する可能性は考慮に入れていません。こういった場合には片側検定をします。

両側検定：両側検定は、**結果がどちらの方向にも極端になる可能性を考慮する場合**に使用されます。例えば、新しいサプリメントの効果を評価する場合がこれにあたります。ここでの検証目的は、「サプリメントは選手の体力にどのような影響を与えるか」という点とします。この場合、サプリメントが体力を向上させる可能性と低下させる可能性の両方を考慮する必要がある、と考えているのです。こういった場合には両側検定をします。

　コインの例では、コインが公平かどうか、すなわちコインが特定の方向に偏っているかどうかを検証するために片側検定を使用します。ここでは、コインが不公平である（すなわち、一方の面が他方よりも頻繁に出る）という特定の方向性を調べます。したがって、帰無仮説（コインが公平である）に対する検証として片側検定が適切です。

③確率の計算

　仮説検定で、帰無仮説が正しいと仮定したときに得られた結果がどれだけ起こり得るか、その確率を計算することは重要です。**この確率が非常に低ければ、帰無仮説が間違っている可能性が高くなります。**

　例えば、コインを 10 回投げて 9 回表が出る確率を計算してみましょう。コインが公平だとすると、1 回投げたときに表が出る確率も裏が出る確率も同じく 1/2 です。

　ここで、10 回のうちどの 1 回だけが裏で、残りの 9 回が表になるかを考えます。例えば、最初に投げたときに裏が出て、それ以降 9 回連続で表が出る場合を考えると、この組み合わせの確率は裏が 1 回出る確率（1/2）と表が 9 回出る確率（1/2 の 9 乗）の積になります。しかし、裏が出るタイミングは 10 回投げる中でどこでもよいので、このような組み合わせは全部で 10 通り考えられます。

　このため、10 回投げて 9 回表が出る全体の確率は、10 通りそれぞれの確率を合計したものになります。これを計算式で表すと次のようになります。

$10 \times (1/2)^9 \times 1/2 \fallingdotseq 0.0098$

　つまり、コインを 10 回投げて 9 回表が出る確率は約 0.98% ということになり、これは非常に低い確率です。

へえ、そんなに低い確率なんだ。これって、コインが偏ってる可能性が高いってことかな？

そうだね。この低い確率は、帰無仮説が実は間違っていることを示唆しているかもしれないね。

　仮説検定の最後の段階では、計算した確率を有意水準と比較します。このコインの例で考えると、有意水準を 5% としました。もし計算した確率がこの 5% よりも低い場合、帰無仮説「このコインは公平で、表と裏が出る確率は同じ」という考えを否定し、対立仮説「このコインは表が出やすい」という考えを採用することになります。

　ただし、帰無仮説を否定しない場合には慎重な解釈が必要です。帰無仮説が否定されなかったとしても、それが絶対に正しいとは限らないのです。違うサンプルで調査すると、結果が変わることもありますし、もっと多くのデータを分析すれば、異なる結論に至ることもあります。だから、**帰無仮説を否定しなかった場合には、その結論を慎重かつ保守的に受け止めることが重要**です。

　このコインの例では、確率が約 0.98% と計算され、これは 5% の有意水準よりもかなり低い値です。したがって、帰無仮説を否定し、コインが偶然ではなく特定の方向に偏っている可能性が高いと結論付けることができます。つまり、このコインを 10 回投げて 9 回表が出ることは、非常に珍しいことで、偶然の範囲を超えていると考えられるのです。

なるほど、それで確率がこんなに低かったのか。じゃあ、このコインは普通じゃないってことですね！

その通りだよ。このように、データ分析の手法を使えば、見た目にはわからない事実を発見することができるんだ。

●Excelを用いた仮説検定

 僕のクラスと隣のクラスのテストで、平均点に違いがあるかな？

 テストの点数からどうやって違いを計算するの？

 手計算で全てを求めるのは大変だけど、Excel の「データの分析」機能を使えば、簡単に t 検定で平均点の違いを調べられるよ。

Excel で **t 検定**を調べる前に、まずは Excel でデータの分析機能を使えるように設定する必要があります（手順の詳細は 2.8 を参照のこと）。それから、平均点の違いに関する仮説を立てて、それが統計的に意味があるかどうかを調べます。

> 読者特典の Excel シートを参照。

 じゃあ、テストの点数に違いがあるかどうかを調べるときは、帰無仮説と対立仮説をこう設定するんですよね。
帰無仮説：2 つのクラスのテスト平均点に違いはない。
対立仮説：2 つのクラスのテスト平均点に違いがある。

 そうだね。次に決めるのは有意水準だね。テストの点数の違いを調べるときは、よく使われる 5% の有意水準を設定して、両側検定を行うといいよ。

Excel で t 検定をする手順は以下の通りです。

1. ［データ］メニューの［データの分析］をクリックしましょう。表示されるメニューから「t 検定：分散が等しくないと仮定した 2 標本による検定」を選びます。これは**ウェルチの t 検定**とも呼ばれます。

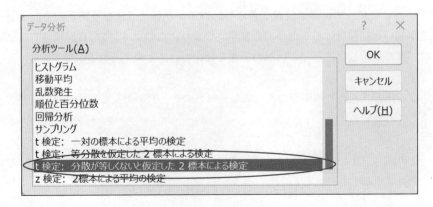

2. ウェルチの t 検定は、**2 つのグループのばらつきが異なるとき**に使います。この検定を設定する際には、まず 2 つのグループのデータ範囲を指定します。今回は、タクミさんのクラスの点数（「A1」～「A41」）と隣のクラスの点数（「B1」～「B41」）をそれぞれ入力し、「ラベル」にチェックを入れます。そして、5% を意味する 0.05 という値を α の欄に入力して、有意水準を設定します。

3. 検定結果では、**t 値**や **p 値**といった統計的な数値が表示されます。これらを基に、帰無仮説を否定するかどうかを判断します。p 値が設定した有意水準よりも小さい場合、帰無仮説は否定され、対立仮説が受け入れられることになります。

	A	B	C
1	t-検定: 分散が等しくないと仮定した 2 標本による検定		
2			
3		タクミのクラスの点数	となりのクラスの点数
4	平均	77.425	79.525
5	分散	95.84038462	115.4865385
6	観測数	40	40
7	仮説平均との差異	0	
8	自由度	77	
9	t	-0.913633206	
10	P(T<=t) 片側	0.1818808	
11	t 境界値 片側	1.664884537	
12	P(T<=t) 両側	0.3637616	
13	t 境界値 両側	1.991254395	
14			

　「t 境界値 両側」は約 1.99 で、これにより棄却域は -1.99 ＜ t ＜ 1.99 となります。計算された t 値が約 -0.91 で、これは棄却域に入っていないため、帰無仮説を否定することはできません。さらに、p 値が 0.36 で、これは設定された 5% の有意水準よりも大きいため、帰無仮説を否定するには十分な証拠がないことを示しています。つまり、「タクミさんのクラスの点数」と「となりのクラスの点数」の平均点に統計的に意味のある違いがあるとは言えないことになります。

先生、Excel でのt検定の結果、僕のクラスと隣のクラスの点数に大きな差はないってことですか?

 帰無仮説が棄却されなかったからといって、必ずしも「点数に差がない」ということにはならないんだ。この結果は、単に今回のデータからは、点数に有意な差があると断言できない、ということを示しているんだよ。

 じゃあ、実際にはクラス間に差があるかもしれないけど、今のデータではそれを証明するには不十分ってことですか?

 その通り。今回のデータでは、点数に差があると結論づけるのは難しいけど、それが「差がない」という意味ではないんだ。もっと多くのデータや別の方法で調べれば、結果は変わるかもしれないよ。

まとめ

◉ 仮説検定の概要
　仮説検定は、ある推測が偶然の結果なのか、それとも一般的な傾向を示しているのかを統計的に評価する方法です。この節では、2つのクラスのテスト平均点に実際に差があるかどうかを例にして、仮説検定の基本的な流れと考え方を学びました。

◉ Excel を用いた仮説検定の手順
　Excel のデータの分析機能を使って、t検定を行う方法を学びました。この過程では、ツールの設定からデータの入力、t検定の実行までの手順が含まれます。

◉ 帰無仮説と対立仮説
　仮説検定で重要な役割を果たす「帰無仮説」と「対立仮説」について学びました。これらのこれらの仮説は、検定の結果を解釈する上で重要な役割を担います。

◉ t値とp値の意味
　t検定の結果として得られるt値とp値の計算方法と、それらが示す意味について理解を深めました。特に、これらの値をどのように使って仮説を評価するかが重要です。

◆仮説検定の解釈の重要性

得られた結果を有意水準と比較して、帰無仮説を受け入れるか棄却するかの判断をどうするかを学びました。また、仮説検定の結果が帰無仮説の絶対的な正しさを意味しない点や、その結果の慎重な解釈の必要性についても学びました。

問題

解答は 176 ページ

次のデータは、高校 A と高校 B で行われた数学テストの結果である。各高校から無作為に選ばれた 5 人の生徒のテスト点数（100 点満点）が記録されている。このデータを用いて、2 つの高校の数学テストの平均点数に統計的に有意な差があるかどうかを検証する。

以下の問題に答えなさい。

高校A	高校B
65	90
78	83
56	87
68	95
70	80

（1）高校 A と高校 B の数学テストの平均点について、帰無仮説と対立仮説を設定しなさい。

（2）Excel を使用して、5% の有意水準で両側検定をしなさい。

（3）Excel で得られた検定結果を基に、帰無仮説を棄却するかどうかを考えなさい。

2.10 考察と因果関係

データの分析の結果からさまざまな情報が得られることは重要ですが、それらをどう解釈し活用するかがさらに重要です。これが「考察」の段階にあたります。この節では、データの分析の結果をどのように理解し、どう活用するかについて考えます。具体的には、分析結果から何が読み取れるか、どのような洞察が得られるかを探求し、その過程と重要性を理解することが目標です。また、データの解釈における疑似相関と実際の因果関係の区別についても学びます。

 先生、データの分析の結果って、ただの数字じゃないんですよね？

 その通りだよ、ミライさん。データの分析の結果は単なる数字ではなく、それらをどう解釈するかが重要なんだ。解析から得られた情報をもとに、さまざまな洞察を得る「考察」の段階に進むのが重要なんだよ。

 なるほど、データには裏に隠された物語があるわけですね。

 そういうことだね。データの背後にある意味や情報を探ることが、私たちの学びの一部なんだ。

● 仮説の検証

「2.3 仮説の設定」で、タクミさんとミライさんは次のような仮説を立てました。

タクミさんの仮説：数学が得意な生徒は、情報のテストでも高得点を取る傾向がある。
ミライさんの仮説：数学での論理的思考の訓練が、国語の読解力を向上させる。

これらの仮説を「2.7 散布図と相関係数」にて行った相関分析の結果をもとに検証してみましょう。

 私たちの分析によると、数学と情報の科目間の相関係数は約 0.79 で、強い正の相関があります。これは、私の仮説がある程度支持されることを示していますね。

確かに、私たちの分析では数学と国語の相関係数も約 0.49 で、一定の正の相関が見られます。でも、数学と情報、国語と情報の相関係数と比べると、数学と国語の関連性はそれほど強くはなさそうです。

とてもよい分析だね。データを基にして仮説を検証することで、隠された真実に迫ることができるね。ただし、相関関係が必ずしも因果関係を意味するわけではないという点を覚えておく必要があるよ。つまり、数学の論理的思考が国語の読解力を直接向上させるというミライさんの仮説は、この分析だけでは確定できないということだ。数学と国語の間には何らかの関連があるとは言えるかもしれないけど、それがどのような関係かはさらに探求する必要があるんだ。

● 考察

　考察は、**データの分析の結果から派生する洞察や議論を深める段階**です。このプロセスでは、単に実験や観測の結果を確認することを超え、その結果が私たちに何を教えているのかを探求します。ここでは、データを多角的に解釈し、分析結果に基づいて新たな意見や洞察を導き出します。

数学と情報の相関係数が約 0.79 というのは、これらの科目が共通する特定の能力を必要としている可能性があると示唆していますね。

その考え方はいい出発点だね。ただ、考察では結果の再確認だけでなく、それらが持つ意味や背後にある要因を理解することが重要だよ。例えば、度数分布表を詳細に分析して、隠れたパターンや背景にある要因を掘り下げてみてもいいでしょうね。

数学と国語の相関係数が約 0.49 で、数学と情報、国語と情報の相関係数がそれぞれ約 0.79 と約 0.70 であることを考えると、数学と国語よりも、数学と情報、国語と情報の間にはより強い関連性があります。これは、情報が数学や国語のような教科と共通する特定の思考力や理解力を要求していることを示唆しているかもしれません。

その考察はとても洞察に富んでいるね。考察では、分析結果に基づいて、それが何を示唆しているか、どのような背景や要因が関連しているかを深く探ることが求められるんだ。

● 因果関係

　因果関係とは、**ある事象（原因）が別の事象（結果）を引き起こす関係のこと**です。例えば、「Aが起こるとBが生じる」という状況では、「AとBの間に因果関係がある」と言えます。しかし、相関関係がある2つの事象が必ずしも因果関係にあるとは限らないことが重要です。たとえば、数学の能力と情報の成績には正の相関が見られるかもしれませんが、それが数学の能力が直接情報の成績を向上させているとは言い切れないのです。

2-10-1：相関関係

相関関係

数学の成績 ⟷ 情報の成績

　因果関係の具体例として、「勉強時間が長い生徒はテストで高得点を取ることが多い」という事実があります。この場合、勉強時間の長さが生徒の学力向上や自信の増加に繋がり、結果として高いテスト成績が得られると解釈できます。このように、因果関係は原因と結果の直接的なつながりを示します。

2-10-2：因果関係

因果関係

勉強時間 → テストの得点

　一方で、相関関係が見られる2つの事象が、実際には別の要因によって起こっている可能性もあります。例えば、数学の能力と情報の成績の間に見られる相関は、別の共通要因（例えば、問題解決能力や論理的思考力）によって引き起こされているかもしれません。このように、相関関係と因果関係を正しく区別することは、データを解釈する際に非常に重要です。

◉ 疑似相関

　疑似相関とは、**2つの事象が関連しているように見えるが、実際には直接的な因果関係がない相関関係のこと**を指します。例えば、「アイスクリームの売り上げが増えると、熱中症の発生件数も増加する」という現象は、その典型的な例です。

2-10-3：疑似相関

疑似相関

アイスクリームの
売り上げ ⟷ 熱中症の発生件数

 アイスクリームがたくさん売れると熱中症になる人が増えるの？

 そのように見えるかもしれないけど、アイスクリームの売り上げと熱中症の件数が同時に増えるのは、実は別の要因によるものなんだよ。

 2つの事象が関連しているように見えることがあっても、それらは別の要因によって引き起こされている場合があるんだ。このように、見かけ上の関連性が実際には別の原因で起こっている場合を「疑似相関」と言うんだ。疑似相関を理解することは、データを正しく解釈し、正確な判断を行うために大切なことなんだよ。

● 交絡因子
こうらく

交絡因子とは、２つの事象の間に見られる相関が実は別の第三の要因によって引き起こされる場合、その要因のことを指します。交絡因子を理解し、考慮することで、見かけの相関関係の背後にある実際の因果関係をより正確に把握できます。

2-10-4：交絡因子

```
疑似相関
┌─────────────┐        ┌─────────────┐
│アイスクリームの│ ◄────► │  熱中症の    │
│  売り上げ    │        │  発生件数    │
└─────────────┘        └─────────────┘
        ▲                      ▲
   因果関係                   因果関係
        │    ┌───────────┐    │
        └────│   気温     │────┘
             │（交絡因子）│
             └───────────┘
```

 疑似相関について、さらに深く掘り下げてみよう。例として取り上げた「アイスクリームの売り上げ」と「熱中症の発生件数」の間の相関には、実は「気温」という交絡因子が隠れているんだ。

 交絡因子って、どういう意味ですか。

 交絡因子とは、２つの事象の間の相関関係を作り出している別の要因のことだよ。この場合では、「気温」がその要因になっている。夏になると気温が上がるから、アイスクリームの需要が高まり、同時に熱中症のリスクも増加する。つまり、アイスクリームの売り上げと熱中症の発生件数の間に見られる相関は、実際には気温が高くなることによって引き起こされているんだ。

 なるほど、だからアイスクリームの売り上げと熱中症の件数が増えるのは、直接的な関係ではなく、気温が共通の原因なんですね！

 その通り！だから、データを分析するときには、表面上の相関関係だけでなく、背後にある交絡因子も考慮することが大切なんだ。そうすることで、データからの洞察がより深まるし、正確な結論にたどり着くことができるんだよ。

まとめ

◈考察

データの分析から得られる情報は、その表面的な関係性だけでなく、その背後にある深い意味や原因を理解することが重要です。単に事実を受け入れるだけでなく、それが何を意味しているのか、どのような背景があるのかを深く考察する方法を学びました。データを多角的に解釈し、分析結果に基づいて新たな意見や洞察を導き出すプロセスを体験しました。

◈相関関係と因果関係

相関関係では事象間に見られる相関が必ずしも直接的な因果関係を意味するわけではないという重要な概念を学びました。この部分では、相関関係が見られる事象間に他の影響要因が存在する可能性についても考察し、相関関係と因果関係を正しく区別する方法について学びました。

◈疑似相関と交絡因子

2つの事象間に見られる相関が実際には別の要因によって引き起こされる場合があることを学びました。疑似相関の概念と、その背後にある交絡因子を理解することで、データの誤った解釈を避け、より正確な結論を導く方法を学びました。具体的な例として、「アイスクリームの売り上げ」と「熱中症の発生件数」の間の相関に「気温」という交絡因子が隠れている点を詳しく掘り下げました。

問題1

解答は178ページ

「データの背後にある情報を探ることが、私たちの学びの一部」という言葉の意味することは何か。

①データはただの数字で、解釈する必要はない。
②データの分析は結果を見るだけで十分である。
③データから得られる情報は、その背景や意味を理解することが重要。
④データは常に正確で、疑問を持つ必要はない。

問題2

数学と情報の点数において、相関係数が高いことがわかった。これに基づいて、次のうちどの結論が適切か。

①数学が得意な生徒は必ず情報でも高得点を取る。
②数学と情報は共通の能力が関連している可能性がある。
③数学の得意な生徒は他の科目でも高得点を取る。
④数学の得意な生徒は国語でも高得点を取る。

問題3

「アイスクリームの売り上げが増えると、熱中症の発生件数も増加する」というデータがある。この相関関係の背後にある可能性のある交絡因子は何か。

①アイスクリームの種類
②アイスクリームの価格
③気温
④人口密度

2.1 | なぜ、データの分析を学ぶのか

●問題1

（1）○

データの分析では、単に数値やグラフを見るだけでなく、それらが示す意味や背景を理解することが重要である。

（2）×

PDCAサイクルは「Plan（計画）、Do（実行）、Check（評価）、Act（改善）」の頭文字を取ったもので、「P」は「プラン」を意味する。

（3）×

オープンデータは、インターネット上で公開され、誰もが自由にアクセスして利用できるデータを指す。特定の団体のみが公開するデータは含まれない。

●問題2

（1）×

データの分析プロセスでは、データ収集後にすぐに解決策を提案するのではなく、分析の段階を経てから解決策を考えることが一般的である。

（2）○

データの正しい理解と活用により、誤情報や偏った解釈から自己を保護することが重要である。

（3）○

アンケートを用いたデータ収集では、質問の設計が重要である。不適切な質問設計はバイアスを引き起こす可能性があるため、慎重に行う必要がある。

2.2 | データの分類

●問題1

（1）名義尺度

郵便番号は地域などを示した数値データであり、大小や順番を比較するために使うことはできない。これは名義尺度である。

（2）比例尺度

本の値段が 0 円だとしたら無料ということであり、さらに 1000 円の本より 2000 円の本は 2 倍値段が高いと言える。よって、これは比例尺度である。

（3）順序尺度

マラソン大会の順位は順序を判断するために使える。これは順序尺度である。

（4）間隔尺度

私たちが一般に使う温度は「摂氏温度」というが、水が凍る温度を 0℃と定めているだけで、比率を示しているわけではない。気温が 10℃から 20℃になったからといって、2 倍暑いわけではない。よって、これは間隔尺度である。

●問題2

（1）×

比例尺度では数値の差と比率の両方に意味があるが、気温のような間隔尺度で表されるデータは比率として表現することは適切ではない。

（2）○

量的データは数値で量や大きさを示すデータであり、身長や年齢などがこれに該当する。

（3）×

名義尺度は、各項目間に順序や大小の関係がないラベルを用いてデータを区別する尺度である。例えば、血液型や性別などがこれに該当する。

2.3 ｜ 仮説の設定

●問題1　　③

仮説を立てる際には、観察から生じる疑問をシンプルで明瞭な形にすることが重要である。複雑に考えすぎると解を見つけることが難しくなってしまう。全ての可能な変数を仮説に含めることは、問題の複雑化につながり、効果的な仮説設定には適していない。

●問題2　　③

仮説を立てる際には、その検証に必要なデータが手元にあるかどうかを考慮することが重要である。クラスのテストデータには「勉強時間」という変数は含まれていないため、この仮説を分析することは不可能である。他の選択肢は成績データを用いて分析可能である。

2.4 分析のためのデータ準備

●問題1　②

データクレンジングは、データの不完全な部分を特定し、それらを適切に修正または削除する作業である。目的は、データの品質を向上させ、分析の正確性を保証することである。よって、②がこの定義に最も適合している。

●問題2　①

外れ値は他のデータから大きく逸脱する値だが、必ずしも誤りを示すものではない。外れ値がデータセットに存在する理由は多岐にわたり、それらが必ずしも間違いやエラーを意味するわけではないため、①が適切ではない。

2.5 基本統計量と可視化

●問題1　②

度数分布表は、データを特定の範囲（階級）ごとに分類し、各階級に該当するデータの数（度数）を記録する表である。これを用いることで、データの分布を簡単に視覚化できる。

●問題2　③

平均値は外れ値の影響を最も強く受ける。外れ値は他の値と大きく異なるデータであり、平均値はこれらの値によって大きく変動することがある。

●問題3　③

箱ひげ図の箱の中央の線は中央値を示す。この値はデータを昇順や降順に並べた際の中央に位置する値で、データの分布が偏っている場合でも、中央値はデータの中央に位置するため、外れ値の影響を受けにくい。

2.6 標準偏差とデータの標準化

●問題1　③

分散は、データの散らばり具合を表す指標である。各データ点が平均からどれだけ離れているかを示し、データセットのばらつきを定量的に評価する。

●問題2　②

標準偏差は分散の平方根を取ることで求められる。これにより、データの散らばりをより直感的に理解しやすい形で表現できる。

●問題3　①

標準化されたデータでは、平均値が 0 に、標準偏差が 1 になる。これにより、異なるスケールや単位を持つデータセットを比較しやすくなる。

2.7 散布図と相関係数

●問題1　②

散布図上で、理科と社会の点数の間に明確な関連性が観察されない場合、これは無相関を意味する。無相関の場合、散布図上の点はランダムに散らばっており、一方の変数の増減が他方の変数に明確な影響を与える傾向はない。

●問題2　③

散布図は、2 つの変数間の関係を視覚的に示すためのグラフであり、変数間の相関関係を理解するのに役立つ。点がランダムに散らばっている場合は無相関を、点が一定の方向に集まっている場合は正または負の相関を示す。

●問題3　④

相関係数は、2 つの変数間の関係性の強さを示す数値であり、Excel では CORREL 関数を使用して簡単に計算する。この係数は -1 から 1 の範囲の値をとり、1 または -1 に近いほど強い相関があることを意味する。正の値は正の相関、負の値は負の相関を示す。散布図はデータの関係性を視覚的に示すために使用され、標準偏差の計算には直接関係しない。

2.8 | 回帰分析

●問題1　①

数学の点数が1点増加すると、情報の点数は回帰式によると0.8549点増加する。これは回帰式 $y=0.8549x+16.104$ の傾き部分に相当し、傾きは変数 x（数学の点数）の1単位の変化に対する y（情報の点数）の変化量を表している。

●問題2　③

2つの異なる科目の成績を基にして、もう1つの科目の成績を予測するとあるため、この分析では、情報のテストの点数を予測するには、国語と数学の点数を同時に考慮する必要がある。単回帰分析は1つの変数しか使えず、残差分析はモデルの誤差をチェックするもので、散布図はデータの関係性を示すに過ぎない。したがって、複数の変数から成績を予測するには重回帰分析が最適である。

●問題3　③

決定係数が0.75ということは、情報の点数の全体的な成績の75%が数学と国語の点数によって説明できることを意味している。これは、数学と国語の点数が情報の成績にかなり影響を与えていることを示しているが、完全ではないため、他の要因も影響を及ぼしている可能性がある。この状況は、③が最も適切に表現している。

2.9 | 仮説検定

（1）

帰無仮説：高校Aと高校Bの数学テストの平均点には統計的な差はない。
対立仮説：高校Aと高校Bの数学テストの平均点には統計的な差がある。

（2）

Excel のデータ分析ツールを使用して t 検定を行う。ここでの目的は、高校 A と高校 B の数学テストの平均点に統計的に有意な差があるかを確認することである。有意水準を 5%（0.05）と設定し、両側検定を行う。

t検定: 分散が等しくないと仮定した2標本による検定

	A高校	B高校
平均	67.4	87.0
分散	63.8	34.5
観測数	5	5
仮説平均との差異	0	
自由度	7	
t	-4.42043	
P(T<=t) 片側	0.00154	
t 境界値 片側	1.894579	
P(T<=t) 両側	0.00308	
t 境界値 両側	2.364624	

（3）

t 値は、帰無仮説が真と仮定したときのテスト統計量である。t 値が t 境界値の両側（約 2.36）を超えるかどうかを確認する。ここで、t 値が約 -4.42 と、t 境界値両側よりも絶対値が大きいため、帰無仮説を棄却することができる。

また、P(T<=t) 両側が約 0.003 と、5% の有意水準（0.05）よりも小さい。これは、帰無仮説が真の場合にこのような極端な結果が得られる確率が非常に低いことを示している。

従って、帰無仮説を棄却し、高校 A と高校 B の数学テストの平均点には統計的に有意な差が存在すると結論付けることができる。

結論：

以上の検定結果に基づき、高校 A と高校 B の数学テストの平均点には統計的に有意な差が存在するという結論に至る。この結果は、高校 A の平均点（67.4）が高校 B の平均点（87.0）よりも統計的に有意に低いことを意味している。

2.10 考察と因果関係

●問題1　③

①、②、④はデータの分析の本質的な目的や重要性を誤って表現している。③は、データの分析の結果をただ見るだけでなく、その背後にある意味や情報を理解し、深い洞察を得ることが重要であるという言葉の本質を正しく反映している。

●問題2　②

①、③、④は相関関係が因果関係を意味すると誤って仮定している。②は、数学と情報の間の高い相関係数を基に、共通の能力が関連している可能性を示唆しているが、これは必ずしも因果関係を意味するわけではない。

●問題3　③

①、②、④はアイスクリームの売り上げと熱中症の発生件数の増加との間の直接的な関連を説明するのに不適切。③の「気温」という交絡因子は、夏になると気温が上がることでアイスクリームの需要が高まり、同時に熱中症のリスクも増加するため、この相関関係の背後にある可能性が高い。

第 3 章

身の回りの
コンピュータ技術

　私たちは、あらゆる場面でデジタル技術を利用しながら生活しています。例えば、音楽を聴くことを考えると、かつてはレコードや CD が主流でしたが、今ではこのような物理的なメディアを使わず、ネットワークで音楽をダウンロードしたり、ストリーミング再生で聴いたりすることが主流になりました。

　ここには、音楽をデジタルデータとして記録したり、そのデータをネットワークを介して購入したり、音楽ライブラリを管理したりするなど、さまざまなコンピュータ技術が活用されています。

　第 3 章では、「情報」の授業で学ぶこれらの技術について、実際の生活している場面を関連づけて、少し深く考えてみることにしましょう。

3.1 | デジタル化

　音や画像、動画をデジタルデータとして記録する方法は、中学校や高校の授業でも学んだことと思います。ここでは、実際に私たちが生活している時に利用しているデジタルデータのふとした疑問についてもう少し深く考えていくことにしましょう。

　この前、好きなアーティストの曲をハイレゾ音源でダウンロードしたんだ。すごくかっこいい曲だし、音もすごくいいんだ。

　いいね。聞いてみたいな。ところでハイレゾ音源って普通のものとどんなふうに違うの？

　えーと…細かい話はわからないけど、とにかくいい音なんだよ。

　ハイレゾ音源は High-Resolution Audio といって、CD の音質よりいいと言われているものだね。じゃあ、音がいいというのは具体的には何を指しているのかな？
　まずは、音のデジタル化について見ていこう。

● 音をデジタル化するには

　音は、音の波が空気を振動させることによって聞こえます。この音の波形を記録することが、すなわち音の記録です。元の波形をどれだけ忠実に記録し、また再現できるかによって、音質がよい・悪い、ということにつながります。

　音をデジタルデータとして保存するには、**波形を数値として記録**する必要があります。まずは、波形をグラフとして保存すると考えてみましょう。ただし、記録できる値は縦軸と横軸の交点のみとし、元の値に最も近い交点を記録することにします。

　縦軸と横軸の間隔を変えて、記録したものを比べてみましょう。

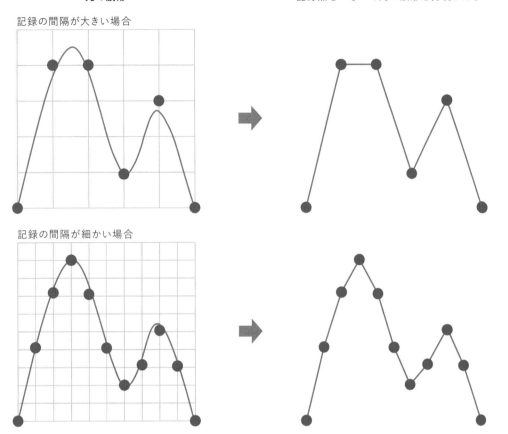

3-1-1：波形をグラフにする

元の波形　　　　　　　　　　　　　記録点をつないで元の波形を再現したもの

記録の間隔が大きい場合

記録の間隔が細かい場合

　このように、縦、横の間隔を細かくすればするほど、元の波形に近い形で再現できる、つまり元の音に近くなりますが、代わりに記録するデータも多くなる（ファイルサイズが大きくなってしまう）ことがわかります。

◉ 標本化（サンプリング）

　グラフの横軸は「時間の流れ」です。1秒間を一定の間隔で分けて測定し、その瞬間瞬間の値（サンプル）を取り出します。これを**標本化（サンプリング）**といいます。この間隔を**サンプリング間隔**、その逆数を**サンプリングレート（サンプリング周波数）**と呼び、単位を**Hz（ヘルツ）**で表します。

　例えば、1秒間に10,000回サンプリングする場合、サンプリング間隔は1/10,000秒、サンプリングレートは10,000Hz（10kHz）となります。なお、CDは44.1kHz（1秒間に44,100回）のサンプリングレートで標本化されています。

181

● 量子化

　グラフの縦軸は「音の大きさ（正確には音圧）」を表します。無音から最大音量までを何段階で記録するかということです。この数値の幅が細かいほど、細やかな音量の変化を数値として記録できます。このように、アナログ情報を数値にすることを**量子化**といいます。

　デジタル信号は2進数で記録するため、**2のbit数乗**の値を取ることができます。1bitで0か1の2種類が記録できます。2bitであれば2の2乗の4種類の値、つまり「00」「01」「10」「11」の4段階を記録できます。同様に3bitであれば8段階、10bitだと2の10乗で1024段階の音圧の違いが記録できます。CDは16bitで量子化されているので、音圧の違いを$2^{16} = $ 65,536段階で記録できることになります。

● 符号化

　最後に、量子化されたデータを0と1のデジタルデータに変換することを**符号化**といいます。このデータをディスクに記録したり、ファイルとして保存したり、通信して送受信することなどができるようになります。CDの場合、微細な突起でデジタル信号を記録します。CDの突起のあり・なしがそのまま0,1に対応しているわけではなく、0と1が変化する場所の印として凸部分があり、レーザーを当てて、その屈折率の変化で0と1の信号を読み取っています。

　CDは44.1kHz/16bitで記録されているのか。僕がダウンロードしたハイレゾ音源は192kHz/24bitだ。さすがにこれだけの情報量なら、いい音なのも当然だね。

　でも、人間が聞こえるのは大体20kHzまで、って聞いたことがあるけど。サンプリングの周波数と記録される音の周波数はどんな関係にあるのかな。

　人間が聞こえるのが20kHzなら、サンプリングレートも20kHzにすればいいのかな？でもハイレゾじゃない普通のCDだって44.1kHzのサンプリングレートで記録されているんだよね。

　サンプリングレート20kHzの場合、本当に20kHzの周波数の波形が記録できるだろうか。もう少し考えてみよう。

● 周波数の波を記録するためには

　音の波の形をある程度正確に記録するためには、**記録したい音の最大周波数（最も高い音）の2倍以上のサンプリングレートで標本化**する必要があります。

下の図のように、音の周期と標本化の周期（サンプリングレート）がまったく同じだと、振幅がまったく記録されないことになります。波は周期的に変化しますので、少なくとも1周期の間に、上の方の点と下の方の点を記録しないと、波として表現できないからです。

3-1-2：音と同じ周期のサンプリングレート

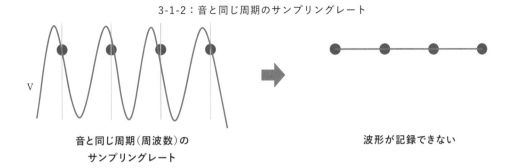

音と同じ周期（周波数）の
サンプリングレート

波形が記録できない

　それでは、もう少しサンプリングレートを上げてみましょう。ただし、記録したい周波数の2倍よりは低いサンプリングレートの場合です。

3-1-3：標本化周期が十分でないとエイリアシングが起こる

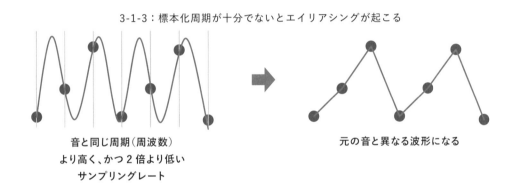

音と同じ周期（周波数）
より高く、かつ2倍より低い
サンプリングレート

元の音と異なる波形になる

　とりあえず、波の形は表現されていますが、元の波形は4つの山があるのに、2つの山しか記録されておらず、まったく違う形になってしまいます。波形にはなっていますが、本来とは異なる波形が記録されることになります。このような歪んだ波形を記録してしまうことを**エイリアシング**と呼び、元の音を忠実に再現することができません。
　では、もっとサンプリングレートを上げ、記録したい周波数の2倍のサンプリングレートにしてみましょう。

3-1-4：記録する周波数の2倍以上のサンプリングレートが必要

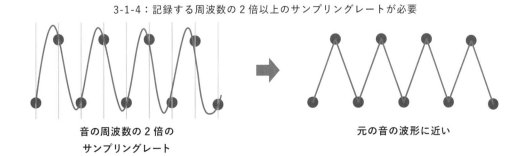

音の周波数の2倍の
サンプリングレート

元の音の波形に近い

1回の周期につき、波の上の方の音圧と下の方の音圧が記録できるので、元の波形と同じ山の数が記録できています。ただし、記録する音が図のような山と谷の振幅が同じで、一定の繰り返しとなる正弦波であり、サンプリングレートが周波数のちょうど2倍で、かつ上昇と下降のちょうど中間点でサンプリングが行われるという条件が重なってしまうと、振幅が記録されない可能性は残ります。

　このように、元の音を忠実に記録するには記録したい最高周波数の、最低でも2倍以上のサンプリングレートが必要となるわけです。

　言い換えると、サンプリングレートの半分の周波数までの音はおおむね記録できることになり、この周波数のことを**ナイキスト周波数**と言います。

　CDのサンプリングレートは44.1kHzなので、ナイキスト周波数である22.05kHzまでの周波数成分が記録できるということになります。

　人間の耳は、およそ20kHzまでの音しか聞こえないといわれています。CDの規格は、この人間の可聴周波数上限の2倍にさらに少し余裕を持たせ、44.1kHzのサンプリングレートで記録することを規格にしたわけです。

　ハイレゾ音源といわれるものは、CDを超えるサンプリングレートと量子化ビット数で記録されたものです。例えば96kHz/24bitや192kHz/24bitというフォーマットで記録されています。記録できる周波数（ナイキスト周波数）は、48kHzや96kHzですので、人間の可聴範囲と言われる20kHzをゆうに超えているのです。

うーん。ハイレゾ音源をダウンロードしたのに、サンプリングレート96kHzや192kHzで記録されていても、記録されている高周波の音は結局実際人間には聞こえないから意味がないってことなのかな？

CD音質とハイレゾで記録されている音質が人間にとってどれだけ違いがあるのか証明するのは難しいかもしれないけど、少なくともより元の音に近い正確な波形で記録されていることは確かよね。音楽を聴くのは楽しむためなんだから、自分がいい音と感じることが一番大切なんじゃないかな？

今回は音がどうやってデジタルデータになるかを見てきたわけだけれど、実際にはデータだけじゃなくて音を聞く機器や環境も重要だろうね。いくらデータが高音質に記録されていても、実際にスピーカーやイヤフォンがその音を出力できなかったら意味がないからね。デジタル化する前の音源自体の周波数特性や、録音時のマイク性能など、他にも色々と関係があるだろう。奥深い世界だね。

いずれにせよ、「音」について疑問を持って、科学的に考えられたのはよいことじゃないかな。音楽を楽しむことは科学の要素だけじゃないのだし、タクミさんの言う通り音楽は感性が大事なのだから、楽しんで音楽を聴くことが一番大切だよ！

問題1

解答は 202 ページ

音のデジタル化について、以下の文章が正しければ○、そうでなければ×をつけなさい。

（1）CD（44.1kHz/16bit）に記録されている音楽を、特別な処理を行わず、パソコンを使って 96kHz/24bit でサンプリングし直すと、高周波成分が記録できる。
（2）記録する周波数の3倍のサンプリングレートがでも、エイリアシングが発生する可能性がある。
（3）ビット深度が大きいほど、より細かい音量の変化を記録できる。
（4）ナイキスト周波数はサンプリングレートの2倍であり、このレート以上の周波数成分を含む信号をサンプリングするとエイリアシングが発生する。

問題2

CD フォーマット（44.1kHz/16bit　ステレオ）の5分間の曲は圧縮等の処理をしない場合、どの程度のファイルサイズになるか（MB で回答）。

問題3

また、**問題2**のファイルをリアルタイムに通信しながら再生する場合（ストリーミング再生）、どのくらいの通信速度が必要になるか（Mbps で回答）。

3.2 私たちの生活とネットワーク

　皆さんの家庭の中には、どのくらいネットワーク通信を行う機器があるでしょうか。パソコン、スマートフォンやプリンタ、もしかしたらテレビなどもネットワークにつながっているかもしれません。個人で利用する通信機器もどんどん増えてきています。

　ここからは、さまざまな機器がどのようにネットワーク通信をしているのかについてみていきましょう。

この前、情報の授業で、ネットワークの仕組みについて学んだけど、通信機器にはそれぞれ別々の IP アドレスが付けられている、っていうことだったよね。

そうだね。通信元と通信先を区別するには固有の番号が必要だからね。何か不思議なことでもあるの?

気になったので、自分の家のパソコンの IP アドレスを調べてみたの。たまたま友達の家に遊びに行ったときにも、友達の家のパソコンの IP アドレスを調べてもらったんだけど、それが私のパソコンと同じ IP アドレスだったの。同じ番号はないはずじゃないかなと思って。先生、こんなことってあるんですか?

なるほど。授業ではそこまで説明していなかったからね。それでは IP アドレスについてもう少し詳しくみていくことにしよう。

●IP アドレス

　IP アドレスは、インターネットで使われている通信規則（TCP/IP）において、通信機器同士が互いを識別し、通信を行うために各機器に割り当てられる番号です。

　IP アドレスは **32bit** の **2 進数**です。32bit で 2^{32} 通り、つまり約 43 億の固有の番号が作れます。世界中のすべての通信機器にこれらの番号を重複しないように割り当てれば、それぞれの端末を識別でき、通信ができるというわけです。

　しかし、困ったことが判明しました。TCP/IP が提案された 1970 年代は、43 億個も IP アドレスがあれば十分に足りると思われていました。ところが、インターネットの利用者が増えてきたことに伴い、IP アドレスが足りなくなることが明らかになってきたのです。

◉ IPアドレスを節約するには

　通信は、発信者と受信者が特定されることによって成り立ちます。電話でも、友達のAさんの持つ携帯電話番号は固有のもので、同じ電話番号は他に存在しません（国内に限って考えた場合。世界規模で考えると、国際電話の場合は国番号が必要になります。国番号を付加することによって、やはりその電話番号は世界で1つの番号になります）。このように、固有の番号をそれぞれの端末に割り当てることにより、通信相手を特定することが可能になっています。

　ネットワーク通信の場合は、この固有の番号が**IPアドレス**となります。IPアドレスは32bitですが、人間が表記したり設定したりする際には32桁の2進数は扱いにくいので、先頭から8ビットずつ区切って10進数に変換して表現します。

3-2-1：IPアドレス

例：110000001010100000000000100000001 （実際のIPアドレス）

192 ． 168 ． 1 ． 1 （人間の表記上のIPアドレス）

8bitずつ4ブロックに分けて、それぞれ10進数に変換して表記する

> このブロックのことを「オクテット」と言い、第1〜第4オクテットなどという。

　IPアドレスは固有であるべきなので、同じ番号が割り振られた機器は2つとして存在しないはずです。しかし、現在のようにインターネットが普及するとは設計者さえも想定できず、43億程度のIPアドレスでは、世界中のあらゆる通信端末で利用するには数が足りなくなってきました。そこでIPアドレス全体を、役割によって**ローカルアドレス**と**グローバルアドレス**という2種類に分けて運用しよう、という通信規則が1986年頃に追加されました。

> 「ローカルアドレス」と「グローバルアドレス」は、それぞれ「プライベートアドレス」「パブリックアドレス」という呼び方もある。

◉ 企業などの電話の仕組み

　さて、通信する際の端末を特定する番号は本当にいつでも世界で固有でなければならないでしょうか。コンピュータではなく、家庭や企業にある電話を例に考えてみましょう。

　社内や家庭内では、外部の人との通話ではなく、内部の人と話をする「内線通話」もあります。この場合、固有の外線番号とは別に、複数の「子機」にそれぞれ固有の番号を割り当てて識別します。「1001」は営業部の佐藤さん、「1003」は総務部の鈴木さん、と言った具合です。家庭でも同様に、リビングの子機は1番、寝室は2番、といったように家庭内の複数の子機にそれぞれ内線番号を割り当ててある場合があると思います。内線番号は、外部からは直接つながりませんので、社内や家庭内の人たちだけが知っていればよいことになります。桁数や番号の付け方も、電話機のメーカーによってそれぞれの決まりはあるかもしれませんが、通信の決まり事として特にルールが定められているわけではありません。

　社内や家庭内のすべての電話機に、それぞれ固有の外線番号を割り当てていたら、コストがかかりすぎるのです。

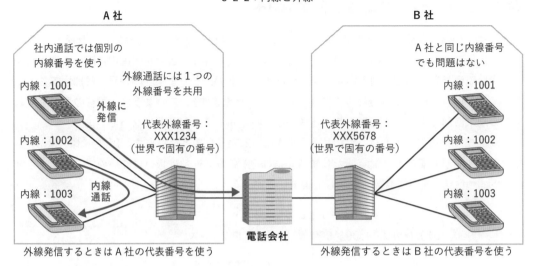

3-2-2：内線と外線

A社

社内通話では個別の
内線番号を使う

内線：1001

外線に
発信

内線：1002

内線：1003

内線
通話

外線通話には1つの
外線番号を共用

代表外線番号：
XXX1234
（世界で固有の番号）

電話会社

代表外線番号：
XXX5678
（世界で固有の番号）

外線発信するときはA社の代表番号を使う

B社

A社と同じ内線番号
でも問題はない

内線：1001

内線：1002

内線：1003

外線発信するときはB社の代表番号を使う

　同じ社内同士での通話は、例えば内線番号「1002」の電話機から「1003」の内線番号にかけるなど、内線番号同士で通話できるため、外線番号は不要です。

　B社でもたまたま「1001」などの同じ内線番号を使っていたとしても、同一社内のみで使う番号なので、他社と重複していても関係はなく、問題ありません。

　社外の人へ電話をかける場合には、代表の電話番号を交代で使って発信します。

　電話を受ける場合にも、同様に外線番号にかけてもらい、まず代表者が受け、該当する人の子機に転送してもらいます。ただし、外線番号が1つしかない場合（複数ある場合もあります）、かける場合も、受ける場合も、誰かが外線番号を使っているときはその通話が終わるまで待つ必要があります。このように、電話など通信相手と通信している間は回線を占有し、他の人が回線を使うことができない通話方式を**回線交換方式**と言います。

◉ ローカルアドレスとグローバルアドレス

　IPアドレスを節約する方法は、この社内電話の仕組みによく似ています。

　つまり、ネットワークに繋がるたくさんの端末も、いつでも必ず世界で固有のIPアドレスを持っている必要がないということです。

　会社内や家庭内で、コンピュータからプリンタに印刷命令を送る場合や、家庭内のファイルサーバにファイルを保存する場合などは外部の機器と通信する必要がありません。つまり、電話の内線番号のように組織内でのみ通用するIPアドレスを使って機器同士の通信を行えばよいのです。このように、社内や家庭内など特定の範囲内のみで利用するIPアドレスを**ローカルアドレス**と呼びます。

　対して、家庭や会社内のコンピュータから、外部のWebサイトを閲覧したいなどの場合は世界で固有のIPアドレスを使う必要があります。これを**グローバルアドレス**と呼びます。つまり家庭内や会社内で複数の通信端末があったとしても、グローバルアドレスは1つあればよいのです。家庭内などでは通常、グローバルアドレスは**ルータ**という機器に1つ割り当てられます（一

般家庭などでは、プロバイダからグローバルアドレスを1つ借りている場合が多い)。

　LAN内の複数の端末が電話でいう代表番号のように、1つのグローバルアドレスを共用してインターネット通信を行っているのです。ただし、回線交換方式の電話と違って、ネットワーク通信はパケットと呼ばれる小さなデータに分割されて送受信が行われる**パケット通信方式**ですから、電話のように他の通信が終わるまで待つ必要はありません。

3-2-3：ローカルアドレスとグローバルアドレス

　ローカルアドレスはIPアドレス全体の中から、特定の範囲を使うことが決められており、3つの範囲に分かれています。この範囲のIPアドレスは、社内や家庭内などのLAN内で端末ごとに重複しないように利用すれば、自由に使うことができるのです。

ローカルアドレスの範囲：
　　　　10.0.0.0 - 10.255.255.255
　　　　172.16.0.0 - 172.31.255.255
　　　　192.168.0.0 - 192.168.255.255

●IPアドレスの仕組み

　IPアドレスは、**ネットワーク部**と**ホスト部**に分かれており、**サブネットマスク**という値でその区切り位置を指定します。IPアドレスとサブネットマスクはセットで用いられるものです。

　サブネットマスクから、IPアドレスのネットワーク部とホスト部を判別します。サブネットマスクもIPアドレスと同じ32bitの2進数で、先頭から1が続いている部分までがネットワーク部、それ以降の0の部分が各端末番号を表すホスト部を表し、IPアドレスの区切り位置を示す情報となります。

　ネットワーク通信は、ルータがない場合は同一ネットワークの端末同士でしか通信できませんので、家庭などでLAN内に複数の端末を設置する場合には、IPアドレスの「ネットワーク部」を共通の番号にして、ホスト部が各端末で異なるように割り当てます。

IP アドレスのホスト部がすべて「0」はネットワークそのものを表す番号（**ネットワークアドレス**）とし、ホスト部がすべて「1」はネットワーク内のすべての端末に送信される特別な番号（**ブロードキャストアドレス**）となります。

ネットワーク部とホスト部

IP アドレスを学校の出席番号に例えてみましょう。例えば「0215」という番号は「02 組の 15 番の生徒」として扱われているものとします。前半 2 桁は所属する組を表し、残りの 2 桁は個別の生徒に振られる番号ということです。

組を表す桁数を示す、「先頭から 2 桁」という指定をするのが**サブネットマスク**です。サブネットマスクが「先頭から 2 桁」の場合、「0215」と「0238」は同じ「02」組に所属する「15」番と「38」番の生徒であり、おしゃべり（通信）ができます。

しかし、同じ「0215」「0238」という番号であっても、組を表すサブネットマスクが「先頭から 3 桁」と指定された場合はどうなるでしょう。この場合、「021」組の「5」番と、「023」組の「8」番ということになり、異なる組の生徒であるため、他の組との仲介役（ルータ）がいないとおしゃべりできないのです。

同様に、LAN 内の端末同士が通信するにはそれぞれが同じネットワーク番号（組番号）である必要があります。IP アドレスのどこまでがネットワーク番号で、どこからがホスト番号であるかを示すサブネットマスクによってネットワーク番号が決まるのです。よって、同じ IP アドレスでも、サブネットマスクの値を変更するとネットワークアドレスが変わることになり、通信ができなくなることがあります。

3-2-4：IP アドレスとサブネットマスク

例：

IP アドレス	11000000101010000000000101111011
サブネットマスク	1111111111111111111111111100000000
	（ネットワーク部）　　　　（ホスト部）

人間の表記用に 10 進数に直すと…(8 桁ずつ区切る)

IP アドレス	192	168	1	123
サブネットマスク	255	255	255	0

※上記の IP アドレスは「192.168.1.0」というネットワークの「123」というホスト（端末）

> 通常、家庭などで使用する場合、ローカルアドレス範囲のうち、「192.168.」から始まる IP アドレスが使われる場合がほとんどである。

> サブネットマスクは「先頭から 1 が続く bit 部分がネットワーク部」であることを示す。必ず先頭から 1 が連続し、0 となったらそれ以降は 1 が現れることはない。

例えば、「192.168.1.123」、サブネットマスク「255.255.255.0」というアドレスについて見てみます。サブネットマスクを見ると、先頭から 24bit まで「1」が続いており、ここまでが IP アドレスのネットワーク部を表しています。IP アドレスの表記の仕方として、24bit のサブネットマスクの bit 数を「/」で分けて記載し、「192.168.1.123/24」と書く場合もあります（**CIDR（サイダー）記法**）。このように書くと、IP アドレスとサブネットマスクを一度に表記できます。

「192.168.1.123/24」の場合、先頭24bitがネットワーク部となるので、残りの8bitがホスト部です。ホスト部をすべて0とすると「192.168.1.0」となり、これがネットワークアドレスです。

ホスト部は8bit部分なので、2^8で全部で256通りありますが、ホスト部がすべて「0」のネットワークアドレスと、ホスト部がすべて「1」（ホスト部の最大値）のブロードキャストアドレスは特別な意味を持ちますので端末には割り振れません。256から2つ引いた数、つまり10進数で表すと「1〜254」までの254台がこのネットワーク内に割り振れる端末の最大台数となります。

3-2-5：IPアドレスを出席番号で例えた場合の対応

ある人の出席番号	0231	ある端末のIPアドレス	192.168.1.123 （32bitの2進数）
組部分を示す記号	1100 1の部分を組とする （先頭から2桁）	サブネットマスク	255.255.255.0 （32bitのうち先頭から 24bitが1）
上記の情報からわかること			
組部分	02** （先頭から2桁部分）	ネットワーク部	192.168.1.*** （先頭から24bit部分）
個人の番号	31 （残り2桁部分）	ホスト番号	123 （残り8bit部分）
組番号 （個人番号部「0」）	0200	ネットワークアドレス （ホスト部「0」）	192.168.1.0
全員を表す番号 （個人番号部最大値）	0299	ブロードキャスト アドレス （ホスト部最大値）	192.168.1.255
個人に割り振れる範囲	0201〜0298 （個人番号の 最大値-2=98人）	端末に割り振れる範囲	192.168.1.1〜 192.168.1.254 （ホスト部の 最大値-2=254台）

● DHCP

通常は家庭内でローカルアドレスを各機器に割り当てた覚えなどないのではないでしょうか。家庭内LAN内のさまざまな通信機器は、特に設定を変更しない場合、自動的にIPアドレスが設定されるのが普通です。家庭内には、IPアドレスを適切に割り振る機能を持つ機械があるわけです。DHCPは、LAN内のそれぞれの端末に自動的にローカルアドレスの範囲内のIPアドレスを割り振ります。このとき、すべての端末が同じネットワークアドレスになるように、また端末同士でホストアドレスが重複しないように管理します。この情報を基に、機器からのネットワークへの接続要求に対して、適切なIPアドレスとサブネットマスクを各機器に通知します。この機能をDHCP（ディーエイチシーピー）と言います。

◉NAT（ネットワークアドレス変換）

　ローカルアドレスのままではインターネットと通信することができないので、家庭からの出口（ルータ）の段階で、グローバルアドレスに変換して外部と通信する必要があります。家庭内のさまざまな機器が、同じグローバルアドレスを共用してデータを送信し、インターネット側からさまざまな機器に対して帰ってくるデータも1つのグローバルアドレスで受け取ります。

　例えば、家庭内でスマートフォンはWebサイトのデータを表示し、パソコンは電子メールデータを受信し、ゲーム機ではインターネット対戦を同時にしていたとしても、同じグローバルアドレスで受け取り、送信時に記録しておいた情報から判断して該当する機器にそれぞれのデータを適切に分配します。この機能を**NAT**（通称：ナット）と言います。

◉ルータ

　異なるネットワーク間の機器同士が通信するには**ルータ**と呼ばれる中継機器が必要です。例えば、家庭内の同一ネットワーク内にあるパソコンとプリンタは、ルータがなくてもスイッチングハブや無線LANアクセスポイントを介して直接通信することができます。

　しかし、異なるネットワークのデバイス同士が通信するためには、そのデータを適切に転送するためのルータが必要です。ルータは、異なるネットワークを橋渡しする役割を果たし、一般的には少なくとも1つのローカルアドレスと1つのグローバルアドレスを持っています。このようにして、ルータは家庭内ネットワーク（LAN）とインターネット側の通信を相互にやりとりするための門番のような役割を担っています。

◉Wi-Fiルータとは

　インターネットを利用している家庭では、**Wi-Fiルータ**と呼ばれる機器が設置されていることがほとんどです。この機器の多くは、これまでに挙げたDHCP、NAT、ルータ、無線LANアクセスポイント、スイッチングハブなどの機能をすべて搭載しています。また、不正なアクセスを受けないようなセキュリティ機能を搭載しているものもあります。ひとくちに**ルータ**と呼んでいますが、ルータ機能の他にもさまざまな機能が統合されており、インターネットを利用する上で最も重要な機器といえるのです。

普段何気なくインターネットを使っているけど、こんな複雑な仕組みなのか。これならローカルアドレスは別のLANなら同じ番号が使えるので、グローバルアドレスを無駄に消費しなくてすむね。

だから、友達の家と同じIPアドレスだったのね。あれはローカルアドレスだったのか。ローカルアドレスなら違う家でも同じIPアドレスである可能性は十分ありますね。

でもね、この方法は IP アドレスの一部を重複して使うことで、グローバルアドレスを節約するための方法であって、グローバルアドレスが増えるわけじゃない点に注意が必要だ。ローカルアドレスの運用によって随分節約はしてきたのだけれど、実際に、グローバルアドレスは 2011 年に枯渇してしまったんだ。

えっ？じゃあこれから IoT などで、もっともっと増えるネットワーク機器のグローバルアドレスはどうするんですか？

そうだね。だから今は新しい IP アドレス体系が使われはじめているんだ。今まで説明していた IP アドレスは 32bit の IPv4 だったけれど、IPv6 という新しい IP アドレスはなんと 128bit もあるんだ。これからは、この IPv6 が主流になっていくだろうね。

COLUMN

IPv6（インターネットプロトコルバージョン6）

　IPv4 の 32bit のアドレスにかわり、128bit で IP アドレスを構成する **IPv6** が開発され、はるかに多くのアドレスを提供するようになりました。IPv4 は廃止されたわけではなく、現在のインターネットは IPv4 と IPv6 が共存して成り立っています。

　IPv6 では、理論上約 340 澗(かん)、3.4×10^{38} 個のアドレスを使えるので、これからもずっと長い間、インターネットを利用する端末の増加に対応できます。

　340 澗という数はあまりにも大きいので実感が湧きにくいでしょう。正確な例えではありませんが、地球上のすべての砂の数のさらにその数十億倍という途方もない数です。地球の人口がこれから増えていったとしても、その 1 人 1 人がそれぞれ数千億個の IP アドレスを使っても足りなくなることはありません。これは、事実上ほぼ無限といってよいほどの数といえるのです。

問題

解答は 203 ページ

（1）スマートフォンやパソコンなど、家庭内で Wi-Fi につながっている機器があれば、その機器に設定されている IP アドレスとサブネットマスクを調べなさい。機器によって IP アドレスの調べかたは異なるので、Web サイトなどで確認すること。
この IP アドレスの「ネットワークアドレス」、「ブロードキャストアドレス」も答えなさい。

（2）さらに、LAN 内の別の機器でも同様に機器に設定されている IP アドレス、サブネットマスクを調べ、分かったことを書きなさい。

3.3 | データも整理整頓が大事

データベースは私たちの日常生活と深く結びついています。スマートフォンのアプリからオンラインショッピング、さらには学校や職場での情報管理に至るまで、あらゆる場面の背景にデータベースが存在しています。ここで重要な役割を果たすのが、データの「正規化」です。正規化はデータベース内の情報を整理し、重複や矛盾を減らす方法です。データをどのように整理していけばいいのか、見ていきましょう。

この前、表計算ソフトで部活動の一覧表を作ったんだけど、年度が変わって先生や活動場所が変わったんだ。それと部活動ごとの部員一覧表が欲しいって言われていて、編集するのが大変そうなんだよなぁ。

部活動ごとに表を作ったら、管理しにくそうだね。もし作った後に変更があったら、訂正が大変そう。あまり効率的な感じがしないね…

この場合は、データベースで管理した方がよさそうだね。その方が管理も簡単だし、データを正しい形で作成しておけば、部活動ごとの表とか、活動場所ごとの表とか、データを分散させずに色々な形に表現できるんだよ。

● データベース

情報の元となるデータには文字や数値のほか、画像などさまざまなものがあります。データはただ蓄積するだけではあまり意味がありません。蓄積されたデータから必要な情報を取り出し、わかりやすく表現したり、分析をしたりして有効に活用していくためのものです。そのために、データが壊れて失われたり、矛盾が生じたりしないように安全に、効率よくデータを蓄積する必要があります。これを実現するためのシステムを**データベース**と言います。

データベースは表計算ソフトウェアでも作成したり利用したりできますが、データが非常に大量であったり、整合性を厳密に保ったり、複数人で同時に利用したりするなど、高い信頼性が求められる場合には、**データベース管理ソフトウェア**（**DBMS**：Database Management System）を利用する必要があります。

データベースにはさまざまな種類がありますが、データを複数の表に整理し、それぞれの表の**関連性（リレーション）**を使ってデータを管理する**リレーショナルデータベース**が主流となっています。

● 正規化されていない表

　次の表を見てみましょう。学校内の生徒がどの部活動に加入しているか、またその部活動の顧問の先生の名前と主な活動場所を表すものです。これが数百行あると仮定してください。

　また、野球部の田中先生と写真部の田中先生は同姓ですが、別人であるものとします。

3-3-1：正規化されていない表

番号	部員名	部活動	顧問/活動場所	部活動	顧問/活動場所
101	山本　晶	野球	田中先生/グラウンド		
102	小林　正明	サッカー	小野先生/グラウンド		
103	井上　佳子	バスケ	吉田先生/第1体育館		
201	渡辺　明子	吹奏楽	中村先生/音楽室		
202	鈴木　豊	バスケ	吉田先生/第1体育館		
203	加藤　拓海	野球	田中先生/グラウンド		
301	高橋　葵	バレーボール	佐藤先生/第1体育館		
302	村田　あきら	パソコン	田中先生/パソコン室	写真	小川先生/多目的室
…	…	…	…/…		

　この表には、さまざまな問題点があります。

　例えば、野球部の田中先生が鈴木先生に変更になったとします。「田中先生」という文字列を「鈴木先生」と置換すると、別人であるパソコン部の田中先生も鈴木先生と書き換えられてしまいます。野球部の田中先生とパソコン部の田中先生は別人ですからこれは間違ったデータになってしまいます。先生をフルネームにすることも考えられますが、名前は同姓同名がありえますから、検索や置換の問題についての本質的な解決にはなりません。また、顧問/活動場所には1つのセル内に先生と活動場所の複数データが入っており、編集がしにくそうです。

　また、村田さんはパソコン部と写真部に入っており、列の数が他の人より多く必要になっていて表の形がいびつです。

　また、よく見ると「第1体育館」の「1」が全角のものと半角のものが混在しており、間違いも見つけにくく検索などが正しく機能しない可能性があります。

　このように1つの行に「部活動」のような同じ項目が何度も現れたり、1つのセル（データベースではフィールドと呼びます）に複数のデータが格納されていたりする表は**非正規形**（正規化されていない）といいます。非正規形の表は、データの整合性や信頼性を確保しにくいのです。

● 第一正規化

　では、非正規形の3-3-1の表を**正規化**していきましょう。正規化とは、**データを整理し、重複を減らし、データの一貫性を保つ**ための工程です。

> データベースでは、表のことを「テーブル」行のことを「レコード」列のことを「カラム」と呼ぶ。

まずは、表の中の「部活動」など行の中に繰り返し出てくる項目を、別の行で記録することとして、列の数を揃えます。また、1つのセル（フィールド）には1つのデータを格納することにし、「顧問」と「活動場所」を別の列にします。第一正規形と言われる表です。

3-3-2：第一正規形

番号	部員名	部活動	活動場所	顧問
101	山本　晶	野球	グラウンド	田中先生
102	小林　正明	サッカー	グラウンド	小野先生
103	井上　佳子	バスケ	第1体育館	吉田先生
201	渡辺　明子	吹奏楽	音楽室	中村先生
202	鈴木　豊	バスケ	第1体育館	吉田先生
203	加藤　拓海	野球	グラウンド	田中先生
301	高橋　葵	バレーボール	第1体育館	吉田先生
302	村田　あきら	パソコン	パソコン室	田中先生
302	村田　あきら	写真	多目的室	小川先生

●第二正規形

　顧問や活動場所は、「部活動」ごとに決まります。このように、あるデータに対して自動的に決まるという関係がある場合は、その部分を別の表に分割することができます。これを第二正規形と言います。リレーショナルデータベースではこのようにテーブルという複数の表に分割してデータを保存していきます。部活ごとの情報を1つのIDで識別できるような「部活ID」カラムを作り、部活動テーブルとして分割します。

3-3-3：第二正規形（部活動テーブル）

部活動テーブル

部活ID	部活動名	活動場所	顧問
1	野球	グラウンド	田中先生
2	サッカー	グラウンド	小野先生
3	バスケ	第1体育館	吉田先生
4	吹奏楽	音楽室	中村先生
5	バレーボール	第1体育館	佐藤先生
6	パソコン	パソコン室	田中先生
7	写真	多目的室	小川先生

また、第一正規形の表（3-3-2）では、2つの部活に所属している「村田　あきら」さんが2回出現してしまいます。生徒を1人1行として生徒IDで記録する生徒テーブルと、生徒がどの部活動に所属しているかを「生徒ID」と部活動テーブルの「部活ID」を使って記録する、部活動所属テーブルという形に分割することにしましょう。

3-3-4：第二正規形（生徒テーブル、部活動所属テーブル）

生徒テーブル

生徒ID	氏名
101	山本　晶
102	小林　正明
103	井上　佳子
201	渡辺　明子
202	鈴木　豊
203	加藤　拓海
301	高橋　葵
302	村田　あきら

部活動所属テーブル

生徒ID	部活ID
101	1
102	2
103	3
201	4
202	3
203	1
301	5
302	6
302	7

● 第三正規形

もう一度部活動テーブルについて見てみます。第二正規形として分割した「部活動テーブル」にも、まだ「グラウンド」など複数回現れるデータがあります。顧問も複数の部活動を掛け持ちする可能性もありますし、名前だけでは同じ人か別人か判別できません。そこで、「活動場所」と「顧問」にもそれぞれIDを加えて1行ごとに1つ（1人）のデータとして表せるよう別のテーブルに分割します。部活動テーブルには、活動場所IDと顧問IDを使ってそれぞれの内容を記録するようにします。

3-3-5：第三正規形

活動場所テーブル

活動場所ID	活動場所
1	グラウンド
2	第1体育館
3	第2体育館
4	音楽室
5	パソコン室
6	多目的室

顧問テーブル

顧問ID	顧問
1	田中先生
2	小野先生
3	吉田先生
4	中村先生
5	佐藤先生
6	田中先生
7	小川先生
8	鈴木先生

部活動テーブル

部活ID	部活動名	活動場所ID	顧問ID
1	野球	1	1
2	サッカー	1	2
3	バスケ	2	3
4	吹奏楽	4	4
5	バレーボール	2	5
6	パソコン	5	6
7	写真	6	7

● 主キー

通常、各表には絶対に重複しない番号があります。通常「ID」と呼ばれるような唯一無二の識別番号で、これを**主キー**と言います。各表の色が着いている部分が主キーです。

主キーは、テーブルの中で情報を正確に見つけたり、区別したりするために使います。つまり、**主キーはテーブルの中でそれぞれの行を識別するための特別なID**なのです。例えば同姓同名の人物がいたとしても、主キーであるIDが異なれば、それはきちんと別人のデータとして扱えます。

このように、主キーは**同一テーブル内で絶対に重複しない値**であることが必要であり、リレーショナルデータベースの要とも言える重要なデータと言えます（例えば、「部活動所属テーブル」のように、主キーがないテーブルもあり得ますが、本来各テーブルには主キーを設定すべきです）。

● テーブルの関連性（リレーションシップ）

このように第三正規化まで行い、当初の表を5つのテーブルに分割しました。それぞれのテーブルの関係性は以下のようになります。図中の「1」や「多」は、それぞれのカラムに同じ値が重複しない場合には「1」、複数のデータが重複する可能性があるカラムは「多」となります。例えば、部活動テーブルの部活IDは各部活動を示す識別番号であり、1つずつしか存在しない主キーなので「1」となります。しかし、部活動所属テーブルの部活IDカラムには同じ部活IDが複数保存される可能性があり「多」となります。このような各テーブルに存在する同じデータを参照するカラム同士の関係性を**リレーションシップ**と言います。データベースソフトウェアを使うと、視覚的にリレーションシップを設定したり確認したりすることができます。例えば活動場所テーブルの「活動場所ID」と、部活動テーブルの「活動場所ID」は**1対多**のリレーションシップと言います。

3-3-6：リレーションシップ

1（主キー）		多	多		1（主キー）		多	多	1（主キー）		1（主キー）	

生徒ID	氏名	生徒ID	部活ID	部活ID	部活動名	活動場所ID	顧問ID	活動場所ID	活動場所	顧問ID	顧問

生徒テーブル　　部活動所属テーブル　　　部活動テーブル　　　　活動場所テーブル　　顧問テーブル

● データベースの操作

　これらの複数のテーブルの必要なレコードやカラムを指定して、さまざまな形の表として表現することができます。必要な行のみを取り出すことを**選択**、必要な列を取り出すことを**射影**、複数のテーブルのカラムを関連性によって組み合わせて表示することを**結合**と言います。目的に応じて表の見た目をさまざまな形で表現することができます。例えば、

① 4つのテーブルから、生徒ID、氏名、部活動名、顧問のカラムを結合して、「部活動名」を「バスケ」のみ選択して表示する。

3-3-7　バスケットボール部の部員名、顧問を表示する

生徒ID	氏名	部活動名	顧問
103	井上　佳子	バスケ	吉田先生
202	鈴木　豊	バスケ	吉田先生

② 「部活動」テーブルからグラウンドで活動する部活動を選択し「部活動名」カラムのみ、射影して表示する。

3-3-8　グラウンドを使う部活名を表示する

部活動名
野球
サッカー

● データの修正

　リレーショナルデータベースでは、例えば野球部の顧問が田中先生から鈴木先生に変わった場合、部活動テーブルの野球の顧問ID「1」を、顧問ID「8」の鈴木先生に訂正するだけで済みます。

3-3-9：データの修正

部活動テーブル

部活 ID	部活動名	活動 場所 ID	顧問 ID
1	野球	1	8
2	サッカー	1	2
3	バスケ	2	3
4	吹奏楽	4	4
5	バレーボール	2	5
6	パソコン	5	6
7	写真	6	7

顧問テーブル

顧問 ID	顧問
1	田中先生
2	小野先生
3	吉田先生
4	中村先生
5	佐藤先生
6	田中先生
7	小川先生
8	鈴木先生

　部活動テーブルの顧問 ID のみを書き換え、「生徒 ID」「部員名」「部活動名」「活動場所」「顧問」の各カラムを結合して野球部を選択して表示すると、各テーブルの情報が正しく組み合わされ、以下のように全てのレコードで野球部の顧問として鈴木先生が表示されます。

3-3-10：データ修正後

生徒ID	部員名	部活動名	活動場所	顧問
101	山本　晶	野球	グラウンド	鈴木先生
203	加藤　拓海	野球	グラウンド	鈴木先生

　また、野球部の田中先生とパソコン部の田中先生は、データベース内部では顧問 ID の「1」と「6」としてそれぞれ記録されているため、表示上は同じ「田中先生」であっても、異なる人として区別して保存できています。**「表示上の見た目」ではなく、論理的に正しくデータが保存されているのがデータベースの利点**といえます。

データベースを作ることは、データ同士の関連性をしっかり考えるということなんですね。

作るまでは大変そうだけど、一度作ってしまったらデータを色々な形に表現できるし、訂正作業も楽になりますね。

そうだね。一度しか使わない表は表計算ソフトで十分だけれど、必要なデータを条件で組み合わせて取り出したり、大量なデータを正確に記録したりするためにはデータベースを使うべきだね。目的によって使い分けよう。

問題 1

解答は 204 ページ

バレーボールの活動場所が、第 1 体育館から第 2 体育館に変更されることになった。
どのテーブルの値をどのように変更すればよいか。

問題 2

残念ながら写真部は廃部になり、新たに e-sports 部が新設されることになった。
部活動テーブルで写真部に割り当てられていた部活動 ID「7」のデータを書き換え、
e-sports 部が部活動 ID「7」を使うことにしてもよいだろうか。

3.1 デジタル化

●問題1

（1）×

既に44.1kHzでサンプリングされた音楽には、ナイキスト周波数（22.05kHz）以上の高周波成分が含まれていないため、96kHzで再サンプリングしても新たに高周波成分が記録されることはない。ただし、特別な処理を加えることによって高周波成分を人工的に生成し、あたかも高周波成分が存在しているかのような効果を出すリサンプリング手法も存在する。これらは通常、アップサンプリングやオーバーサンプリングと呼ばれる。

（2）×

エイリアシングは、サンプリングレートが信号の最高周波数の2倍未満である場合に発生する。サンプリングレートが十分に高ければ、エイリアシングは発生しない。

（3）○

ビット深度が大きい（ビット数が多い）ほど、1サンプルあたりに表現できる振幅のレベルが増えるため、細かな音量の変化が記録できる。

（4）×

ナイキスト周波数はサンプリングレートの半分である。サンプリングレートが最高周波数成分の2倍未満の場合、エイリアシングが発生する。

●問題2　約50.5MB

まず、1秒間のデータサイズを計算する。
44.1kHzとは、1秒間に44,100回データを記録している。記録されるデータはその1回ごとに16bitで、ステレオは、左右それぞれに別の音のデータを記録しているため、

　44,100 × 16 × 2 = 1,411,200bit
bit（ビット）をB（バイト）にする（1Bは8bit）。

　1,411,200bit ÷ 8bit = 176,400B
これが1秒間のデータサイズなので、5分間（300秒）分の量を計算する。

　176400B × 300秒 = 52,920,000B
BをKBにする（1KBは1024B）。

　52,920,000 ÷ 1024 = 51,679.7
KBをMBにする。（1MBは1024KB）

　51679.7 ÷ 1024 = 50.47MB

※1秒間のデータ（B）を求めるまでに、44,100に対し（16 × 2 ÷ 8）を計算している。カッコ部分は4となるので、44,100 × 4 =176,400B　とすれば1秒間のバイト数まで一度に計算でき、その後300秒をかけて52920000Bとする。

これをKB、MBに直す際にはそれぞれ上記の通り1024で割る必要があるが、1000で2回割ることでおおよその見当をつけられる。つまり桁を6個左にずらすと52.9MBとなり、実際にはこれより少し小さいサイズであるという見当がつけられる。

1000倍を表す「k」や1000000倍を表す「M」などと区別するために、1024B（バイト）を1KiB、1024KiBを1MiB、1024MiBを1GiBと表記する場合もある（国際電気標準会議で定める単位）。

●問題3　約1.4Mbps

通信速度の単位はbpsで1秒間あたりに送信できるb（ビット）数のことである。

つまり、1秒間のデータサイズである1,411,200bを1秒で通信できる速度が必要となり、これをMbpsの単位にするには、bit → kbit → Mbitとするので、

　1411200bps ÷ 1000 ÷ 1000、つまり約1.4Mbpsとなる。

※通信速度を表す際には1024倍ごとではなく、1000倍ごとにkbps → Mbps → Gbpsとするのが一般的。これは、通信分野で10進数の使用が広く受け入れられているため。

このように、CD音質でも1.4Mbps（1,400kbps）の通信速度が必要であるにも関わらず、インターネット上の音楽ストリーミングサービスでは、例えば320kbpsでもハイレゾの音楽が通信できるとされている。これは、高音質のままファイルサイズを小さくする圧縮技術が使われているからである。

3.2 ｜ 私たちの生活とネットワーク

（1）

通常、家庭では以下のローカルアドレス範囲

　10.0.0.0 - 10.255.255.255

　172.16.0.0 - 172.31.255.255

　192.168.0.0 - 192.168.255.255

のうち、192.168.0.0 – 192.168.255.255の範囲が使われることが多い。

調べた端末のIPアドレスが192.168.10.17、サブネットマスク255.255.255.0の場合の例

　ネットワークアドレス　192.168.10.0

　ブロードキャストアドレス　192.168.10.255

である。

（2）

同一 LAN 内の端末 IP アドレスを調べると、同一ネットワークアドレスであり、ホストアドレス部が各機器で異なっているはずである。これらは手動で IP アドレスを割り当てていない場合は、家庭内のルータに内蔵されている DHCP サーバ機能で自動的に割り当てられている場合が多い。

3.3 | データも整理整頓が大事

●問題1

部活動テーブルの部活 ID「5」のバレーボールのレコードの「活動場所 ID」を「2」から「3」に変更する。

部活動テーブル

部活 ID	部活動名	活動場所 ID	顧問 ID
1	野球	1	1
2	サッカー	1	2
3	バスケ	2	3
4	吹奏楽	4	4
5	バレーボール	3	5
6	パソコン	5	6
7	写真	6	7

活動場所テーブル

活動場所 ID	活動場所
1	グラウンド
2	第1体育館
3	第2体育館
4	音楽室
5	パソコン室
6	多目的室

●問題2

もし写真部の生徒が自動的に e-sports 部に移行するのであれば問題はなさそうに思えるが、あくまでも異なる部活動が新設されるのであるから、主キーである ID は写真部の番号を再利用してはいけない。

たとえ廃部になったとしても、部活動 ID「7」の写真部は残しておき、新規に追加された e-sports 部は「8」など、これまでに使っていない新たな部活動 ID を割り振る。

各データを識別する「ID」の役割を持つ値を主キーという。主キーは完全に一意に定義されるものであり、使いまわしてはならない。データが不要になったとしても、主キーとして使っていた ID 番号の再利用はしない。

ID を割り振ってテーブルを作成していく際には、ID の値にデータベースソフトウェアの「オートナンバー」という機能を使って自動で ID を生成すれば、2 度と同じ ID が使われることはない。

第 4 章

情報デザインと
問題解決

　本章では、情報デザインの基本原理と現代社会におけ
る問題解決へのアプローチに焦点を当てます。情報がど
のように伝達され、理解されるか、そしてそれが私たち
の日常生活や意思決定にどのように影響するかを深く探
ります。本章を通じて、情報を適切に伝達し効率的に問
題を解決する方法を学びます。また、「アルゴリズムと
プログラミング」、「データの分析」、「身の回りのコン
ピュータ技術」と本章の「情報デザイン」が問題解決に
どのように役立つかを明らかにします。この章の目標は、
これらの知識を統合し、よりよい社会の構築に貢献する
ための思考力を身につけることです。

4.1 情報デザイン

　情報デザインは私たちの日常生活に深く関わっています。この章では、ユニバーサルデザイン、アクセシビリティ、そしてユーザインタフェース（UI）の重要性について学びます。ユニバーサルデザインはすべての人にとって使いやすいデザインを意味し、アクセシビリティは障害を持つ人々も含めたすべての人が情報やサービスを容易に利用できることを指します。一方、UI は技術とユーザーの間のインタフェースであり、使いやすさが非常に重要です。

 このウェブサイト、ナビゲーションが複雑で本当に使いにくいんだよな。

 ウェブサイトやアプリの使いやすさは、私たちが情報をどれだけ効率的に手に入れられるかに直接影響するから大事よね。

 その通りだね。ただ見た目が良いだけでなく、機能的であり、すべての人が簡単にアクセスできるようなものを目指したい。これらのデザイン要素がどのように組み合わさって、使い勝手の良い製品やサービスを生み出すかを考えてみよう。

◉ ユニバーサルデザイン

　ユニバーサルデザインは、文字通り「**万人に対応するデザイン**」を意味します。年齢、能力、背景にかかわらず、すべての人が利用しやすい製品、環境、サービスを提供することを目的としています。このアプローチは、特定のユーザグループに限定せず、できるだけ多くの人々が使いやすいデザインを目指します。

　ユニバーサルデザインには、以下の 7 つの原則があります。

- **公平な使用**：すべての人が同じように利用できる。
- **柔軟な使用**：さまざまな方法や技術で使用できる。
- **シンプルで直感的な使用**：誰もが理解しやすく、使いやすい。
- **知覚情報の提供**：必要な情報は、見たり聞いたり触れたりして得られる。
- **許容できる誤り**：誤った使用を防止し、安全性を確保する。
- **最小限の身体的労力**：快適に、効率的に使用できる。
- **サイズと空間の利用**：どのような体格や姿勢のユーザにも対応する。

ユニバーサルデザインの一例としては、車椅子を使う人も利用しやすい斜路、耳の聞こえない人にも音楽が流れる信号機、文字情報では理解できない人のためのピクトグラムなどがあります。

なお、似た言葉にバリアフリーがありますが、ユニバーサルデザインは、すべての人にとって使いやすい環境や製品を目指し、多様性を重視するのに対し、バリアフリーは、障害を持つ個人が直面する物理的障壁を取り除くことに焦点を当てるものです。これらのデザインは、特定のニーズを持つ人々だけでなく、すべての人に便利です。

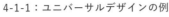

4-1-1：ユニバーサルデザインの例

 ユニバーサルデザインって、実際にはどういう意味があるの？

 それは、例えば、大きなボタンを持つエレベーターが、目が不自由な人、子供、大きな荷物を持つ人など、誰にとっても使いやすいことを意味するわ。

 その通り。ユニバーサルデザインは、特定の人々を助けるだけではなく、全ての人にとっての利便性と快適さを高めることを目標としているんだ。

◉ アクセシビリティ

アクセシビリティは、障害を持つ人々を含むすべての人が、製品やサービス、環境を利用できるようにすることを指します。この概念は、障害を持つ人々のニーズに特に焦点を当て、彼らが日常生活において直面する障壁を取り除くことを目的としています。これは物理的な空間だけでなく、デジタル環境においても等しく重要です。

アクセシビリティを実現するためには、以下の要素が重要です。

- **物理的アクセス**：建物や公共交通機関が車椅子でのアクセスや、視覚障害者のための案内システムを備えるなど。
- **デジタルアクセス**：ウェブサイトやアプリがスクリーンリーダーに対応し、キーボードナビゲーションをサポートするなど。
- **情報のアクセシビリティ**：情報が異なる形式（例えば点字、音声、簡易言語）で提供されること。

アクセシビリティを考慮したデザインの例としては、障害を持つ人々が独立して使用できるATM、テレビ番組の字幕や手話通訳、ウェブサイトの高コントラストモードなどがあります。ただ、これらは、特定の障害を持つ人々だけでなく、一時的な障害や高齢者など、幅広い人々に利益をもたらします。

 私は目が疲れているときだけでなく、多忙な時にもウェブサイトの読み上げ機能を使います。これはアクセシビリティを考慮したデザインの一例ですよね。

 その通りだね。アクセシビリティは、障害の有無にかかわらず、私たち全員の生活をより良くすることを目指しているよ。

◉ ユーザインタフェース（UI）

ユーザインタフェース（UI）は、**人々が技術、特にコンピュータシステム、ソフトウェア、アプリケーションとやり取りする方法**を定義するものです。よい UI デザインとは、使いやすさ、理解しやすさ、そして効率的な操作を重視し、ユーザーが快適に技術を利用できるようにしたものです。

効果的な UI デザインは、以下のような原則に基づいています。

- **明瞭性**：ユーザーが直感的に理解できるクリアで簡潔なデザインである。
- **一貫性**：アイコン、ボタン、色使いなどの一貫したデザインで、ユーザーが迷わないようにする。
- **フィードバック**：ユーザーのアクションに対する即時の反応やフィードバックを提供する。
- **効率性**：より少ないクリックや操作で目的を達成できる。

例えば、スマートフォンのホーム画面は、頻繁に使用するアプリへのアクセスを容易にし、アイコンは一貫したデザインと色で視覚的に把握しやすいようになっています。また、オンラインフォームは、入力エラーがある場合に赤いアウトラインやエラーメッセージでユーザーに知らせます。

UI って、私たちが毎日使うデバイスやアプリにとって、すごく大切なんだね。

 そうだね。ソーシャルメディアアプリの使いやすいインタフェースは、情報を素早く見つけたり共有したりするのに役立っているね。

 その通り。UI デザインは、ユーザーがテクノロジーを使ってタスクを達成するのを助けるためのものであり、ユーザーのニーズと期待に応え、ストレスのない体験を提供することが目標なんだ。

問題1

解答は 230 ページ

以下は、ユニバーサルデザインの原則に基づいて述べられた例である。最も適切なものを選びなさい。

①高齢者専用のレクリエーションセンターのデザイン。
②すべての年齢と能力のユーザーが利用できる公共施設のデザイン。
③特定の障害を持つ人々のために特別に設計されたウェブサイト。
④小さな子供向けに設計された遊び場。

問題2

次のうち、アクセシビリティを最もよく表している例はどれか。

①すべてのユーザーが直感的にナビゲートできるウェブサイトのデザイン。
②視覚障害者のために点字を使用した公共の案内板。
③一貫した色使いとアイコンでデザインされたスマートフォンのアプリ。
④高解像度の画像と動画を使用したウェブサイト。

4.2 | メディアの特性と モノと情報の違い

　メディアは、私たちの周囲に満ちている情報の伝達手段です。メディアは、情報を様々な形で私たちに届けますが、物理的なモノとは根本的に異なる性質を持っています。

　モノと情報の違いは、形の有無、消滅性、複製の容易さ、伝播のしやすさにあります。モノには形があり、物理的な空間を占め、時間の経過と共に消耗や消滅する可能性があります。一方で、情報には形がなく、消えることなく時間を超えて存在し続け、容易に複製や伝播が可能です。ここでは、これらの特性を深く探り、メディアとモノが私たちの生活やコミュニケーションにどのように影響を与えるかを学びます。

 メディアって、テレビや新聞のことだけじゃなくて、音楽や絵画も含まれるんだって！

 メディアは私たちの感覚を通じて情報を伝えるものだもんね。情報は形がなくても広がり、時間を越えて残るんだね。

 物理的なモノは、時間の経過とともに摩耗したり、消滅したりするけれど、情報はそういった物理的な制約を受けないよ。例えば、音楽の楽譜は紙という形のあるものを通じて情報を伝えるけれど、音楽そのものは時間を越えて存在し、簡単に複製や共有ができるんだよ。

● メディアの分類

　メディアを深く理解するためには、それらを機能と用途に基づいて分類することが重要です。メディアは多岐にわたり、それぞれが独自の役割と特性を持っています。以下では、メディアを大きく３つのカテゴリーに分けてみます。

① 表現のためのメディア

　アートや文化を伝達する目的で使われるメディアです。絵画、彫刻、音楽、映画などが含まれます。感情やアイデアを表現し、視覚や聴覚を通じて人々に強い印象を与えます。

 音楽や映画は、ただ楽しむだけじゃなくて、文化や感情を伝える手段なんだね。

② 伝達のためのメディア

　ここには広範囲に情報を伝えるメディアが含まれます。テレビ、ラジオ、新聞、インターネットなどが該当します。ニュースの提供、教育内容の配信、緊急情報の伝達など、社会的なコミュニケーションに不可欠です。

 私たちが毎日接しているニュースや教育番組も、メディアを通じて伝わってくるね。

③ 記録のためのメディア

　書籍、ジャーナル、デジタルデータベース、アーカイブなどがここに分類されます。これらは、知識、科学的発見、歴史的事実などを保存し、未来の世代に伝える役割を果たしています。

 記録のためのメディアは、知識の蓄積と伝達において非常に重要だね。これらは、研究や教育の基礎となるよ。

 それぞれのメディアが、私たちの生活や学びに影響を与えているんですね。

 表現、伝達、記録のためのメディアは、それぞれが独自の方法で情報を伝え、私たちの認識や理解に影響を与えてるんですね。

 メディアは単なる情報の伝達手段にとどまらず、私たちの文化や知識、さらには感覚や感情にまで影響を及ぼすよ。これらのメディアを深く理解し、適切に活用することで、情報リテラシーを高め、より豊かな社会生活を送ることができるんだ。

◉ メディアとコミュニケーション

　メディアは情報の発信者と受信者の間でメッセージを伝達する役割を持ちます。これには、直接的な対話（**個人間のコミュニケーション**）から、テレビやインターネットなどを通じた大衆への一方向的なコミュニケーション（**マスコミュニケーション**）まで含まれます。

> SNSやブログで人々が自分の考えを共有するのも、メディアを通じたコミュニケーションである。

　デジタルメディアの台頭により、コミュニケーションの形態は大きく変化しています。情報の発信が簡単になり、個人でも広範囲に影響を及ぼすことが可能になりました。また、インタラクティブなメディアの出現により、受信者は単なる情報の受け手にとどまらず、アクティブな参加者となっています。

 デジタルメディアはコミュニケーションの速度と範囲を拡大し、双方向のやり取りを可能にしたね。

だから、私たちは今、世界中の人と簡単に繋がれるんですね。

でもそれは同時に、情報の正確性やプライバシーの保護にも注意が必要だね。

　メディアの進化は、コミュニケーションの未来に新たな可能性をもたらしています。**仮想現実（VR）**、**拡張現実（AR）** などの新しいテクノロジーは、より没入型でインタラクティブなコミュニケーション体験を提供するでしょう。

　メディアの進化は止まることなく、私たちのコミュニケーション方法を常に変革し続けます。これからの変化を見極め、適切に対応することが大切といえます。

◉ 情報とは

　情報とは、**私たちの周りにあふれるデータや知識の形式**を指し、私たちが世界を理解し、意思決定を行うために不可欠なものです。情報の本質を、DIKW モデルを通して見ていきましょう。

　DIKW モデルは、データ、情報、知識、知恵の4つの段階を通じて、情報の流れとその価値の変化を示します。

- **データ（Data）**：事実や数字、文字などの基本的な要素。これは単体ではあまり意味を持たないが、情報の基盤となる。
  例：気温、日付、時間などの単純な数値やテキスト
- **情報（Information）**：データを整理、分類、分析することで情報になる。ここでデータは文脈を得て、意味を持ち始める。
  例：「1月の平均気温は5℃だった」といったデータの集まりが傾向や変化を示す。
- **知識（Knowledge）**：情報から学習し、経験や理解を組み合わせることで知識が生まれる。これにより、なぜそうなるのかを理解できるようになる。
  例：「1月は寒い月であり、適切な防寒対策が必要」という理解を基に、冬の服装計画や健康管理に役立てる。
- **知恵（Wisdom）**：知識を使って判断や予測を行い、実生活での意思決定に役立てること。ここでは、知識を応用し、新しい状況に適応する能力が重要である。
  例：「冬には暖かい服を着るべきだが、気候変動の影響で天候が変わりやすいため、天気予報を常に確認し、その日の服装を適切に選ぶ」といった柔軟な判断をして、対応策を立てる能力を示す。

　DIKW モデルでは、データ、情報、知識、そして知恵の4つの段階があります。データは基本的な事実や数値で、情報はそのデータを整理して意味を持たせたものです。情報から学んで経験を加えることで知識が生まれ、その知識を使って賢い判断をするのが知恵です。このモデルは、知識や意思決定のプロセスを理解するのに役立ちます。

4-2-1：DIKW モデル

 データって、ただの数字とか事実のこと？

 じゃあ、情報ってデータを整理したものなの？

 その通り。データは基本的な要素で、それを整理して意味を持たせたものが情報だよ。そして、その情報から学び、経験を踏まえて知識に変えるんだ。最終的には、その知識を活用して賢い判断を下すのが知恵というわけだね。

　情報は私たちの日常生活や意思決定において中心的な役割を果たします。そのため、情報は正確であることが重要になります。適切な情報を持つことで、私たちはよりよい判断を下し、効率的な行動を取ることができます。

● モノと情報の違い

　私たちの日常生活は、目に見える「モノ」と目に見えない「情報」によって形作られています。これらはどちらも価値がありますが、その本質は大きく異なります。では、情報の独特な特性を掘り下げながら、それがモノとどのように異なるかを詳細に見てみましょう。

・**消えない（残存性）**：情報は物質ではないため、物理的な摩耗や劣化によって失われることはない。情報はデジタルメディアや書籍など、さまざまな形で保存され、時間を超えて残る。
・**複製が容易（複製性）**：デジタル情報は、品質を落とすことなく無限に複製することが可能。これは、知識の拡散や教育資料の共有において非常に重要な特性である。
・**瞬時に伝わる（伝播性）**：インターネットや電子メールを通じて、情報は瞬時に世界中に伝播することができる。この特性は、急速なコミュニケーションと大規模な情報共有を可能にする。

・**物質としての形がない**：情報は非物質的であり、その存在は言語や記号、デジタルデータなどの形で現れる。これにより、物理的な空間を占めることなく存在し、容易に扱うことができる。

　情報は非物質的な性質を持ち、物理的な摩耗や劣化によって失われることはありません。例えば、デジタル写真やドキュメントはクラウドやドライブに保存され、物理的な空間を占めることなく、長期間にわたってアクセス可能です。これに対して、物理的なモノは空間を占め、触れることができ、時間の経過とともに摩耗や消耗が起こります。

情報は実際にはどこにもないけど、いつでもどこでもアクセスできるってことだね。

だから、情報は瞬時に広まり、簡単に共有できるんだ。モノとは全然違うね。

そう、この非物質的な特性が、情報を非常に強力なツールにしているよ。情報は教育、科学、文化など、私たちの社会のあらゆる側面に影響を与えているよね。形がなくとも、私たちの考え方や行動に大きな影響を及ぼすんだ。

情報の力ってすごいですね。モノとはまったく違うけど、世界を変える力を持っているんだ。

だから情報を適切に理解し、賢く使うことがとても大切なんですね。

情報は力なんだ。だけど、その力を正しく理解し、責任を持って使うことが重要だよ。モノとは異なる情報の特性を理解し、それをどのように活用するかを考えることが、私たちに求められているね。

問題 1

解答は 230 ページ

「表現のためのメディア」に該当するのはどれか。もっとも適切なものを選びなさい。

①テレビニュース
②ソーシャルメディア
③絵画
④オンラインデータベース

問題 2

情報の特性として正しくないものはどれか。もっとも適切なものを選びなさい。

①消えない。
②複製が容易。
③物理的な形を持つ。
④瞬時に伝わる。

4.3 | 情報社会

　情報社会において、私たちの生活はメディアや情報によって大きく影響を受けています。情報の正しい理解と使用は、個人の知識の向上、社会の発展、そして倫理的なコミュニティの構築に不可欠です。この節では、情報社会の中でのメディア・リテラシー、情報モラル、そして情報に関する法規の重要性に焦点を当てていきます。

 先生、最近よく「情報社会」って言葉を聞くけど、それって具体的にどういう意味なんですか。

 インターネットやスマートフォンが普及して、情報がすごく重要になってるってことであっていますか。

 正確には情報社会とは、情報技術の進化が大きく影響を及ぼしている社会のことを指すよ。例えば、インターネットやスマートフォンの普及により、情報の収集、配信、共有が以前よりもはるかに迅速で容易になっているよね。これにより、私たちの生活、仕事、学習、さらには人間関係や文化までが大きく変わりつつあるんだ。情報社会では、知識やアイデアを共有することがとても重要になるんだ。

● メディア・リテラシー

　情報社会において**メディア・リテラシー**は非常に重要なスキルです。これは、**メディアを通じて提供される情報を理解し、批判的に分析して評価するする能力**を指します。これは、デジタルメディアがもたらす情報の洪水の中で、信頼できる情報源を見極め、誤情報や偏見に惑わされないために重要です。

　メディア・リテラシーには以下のような要素が含まれます。

・**情報の分析**：メディアが提供する情報の内容を理解し、背景や意図を分析する能力。
・**批判的思考**：提供された情報の信憑性を評価し、バイアスや偏見がないかを考慮する能力。
・**情報の活用**：得られた情報を基に自身の意見や立場を形成する能力。

　高いメディア・リテラシーがあれば、**フェイクニュース**、すなわち事実でない情報が真実であるかのように流布される現象に対抗することができます。情報の信憑性を評価する際には、**クロスチェック**（複数の情報源を照らし合わせること）や、情報の出典を確認し、**一次情報**（直接の情報源）か**二次情報**（間接的に伝えられる情報）であるかを判断してその信頼性を常に問い

直す姿勢が重要です。

　メディア・リテラシーを身につけることで、誤情報や偏見に惑わされず、より賢明な判断を下すことができます。それはまた、社会全体の情報の質を高め、健全な議論を促進することにも繋がります。

　情報を深く考えることが大事だというのは分かるけど、どうやって実践するの？

　つまり、ネット上の情報をただ受け入れるのではなく、その出典や信憑性を自分で判断するということ？

　その通りだね。例えばニュース記事を読む時、その情報がどこから来たのか、他の情報源ではどう報じられているのかを考える。これは情報に対する批判的な思考を養い、より賢明な判断をするために不可欠なスキルだよ。

◉ 情報モラル

　情報モラルは、**情報を扱う際の倫理規範**です。これは、個人の責任感と社会的な倫理観に基づく行動規範を意味し、健全な情報社会の維持に不可欠です。特に、プライバシーの尊重、正確な情報の使用、情報の倫理的使用などが重要な要素です。

　情報モラルには以下のような要素が含まれます。

・**プライバシーの尊重**：他人のプライバシーを侵害しないように情報を扱う。これには、個人情報の不適切な共有や拡散を避けることが含まれる。
・**正確な情報の使用**：誤解を招く情報の拡散を避け、情報の正確性と信頼性を重視する。
・**情報の倫理的使用**：他人の意見や権利を尊重し、情報を公正かつ責任を持って扱う。

　例えば、SNS で他人の個人情報を勝手に共有したり、誹謗中傷したりするのは情報モラルに反するね。

　そうだね。情報モラルを実践することは、他人の権利を尊重し、公正かつ責任を持って情報を扱うことを意味するよ。特に、個人情報の扱いや他人への尊重は、情報社会において非常に重要だね。

◉ 情報社会に関する法規

　情報社会では、著作権法、産業財産権、肖像権など、情報に関連する法規が重要な役割を果たしています。

　創造的活動から生まれる無形の資産を保護し、その価値を認める重要な法的枠組みを**知的財産**

権といいます。個人や企業が創造した作品や発明、ブランドなどの無形資産に対する権利で、著作権、産業財産権（特許権、商標権など）などが含まれます。知的財産権は、経済的な価値を創出し、法的な保護を通じて、文化的多様性と技術革新を支えます。著作権、産業財産権など、さまざまな形の知的財産権があり、それぞれが重要な役割を果たしています。

4-3-1：知的財産権の種類

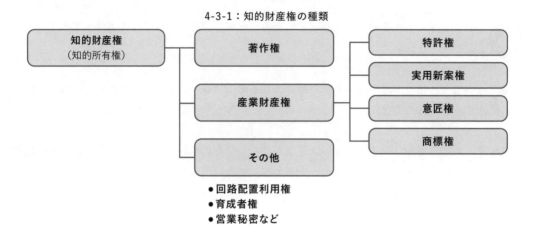

◉著作権

　著作権は、**著者が自分の創作物（文学、音楽、美術作品など）に対して持つ権利**です。著作権には**著作者人格権**と**著作権（財産権）**の2つの側面があります。前者は著作者の名誉や表現の自由を保護し、後者は著作物の使用に関する経済的権利を与えます。

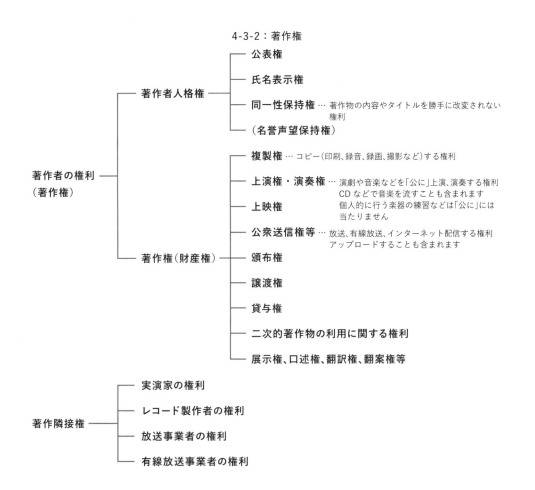

4-3-2：著作権

著作者の権利（著作権）
- 著作者人格権
  - 公表権
  - 氏名表示権
  - 同一性保持権 … 著作物の内容やタイトルを勝手に改変されない権利
  - （名誉声望保持権）
- 著作権（財産権）
  - 複製権 … コピー（印刷、録音、録画、撮影など）する権利
  - 上演権・演奏権 … 演劇や音楽などを「公に」上演、演奏する権利　CD などで音楽を流すことも含まれます　個人的に行う楽器の練習などは「公に」には当たりません
  - 上映権
  - 公衆送信権等 … 放送、有線放送、インターネット配信する権利　アップロードすることも含まれます
  - 頒布権
  - 譲渡権
  - 貸与権
  - 二次的著作物の利用に関する権利
  - 展示権、口述権、翻訳権、翻案権等

著作隣接権
- 実演家の権利
- レコード製作者の権利
- 放送事業者の権利
- 有線放送事業者の権利

 知的財産権がないと、人々は自分のアイデアや作品を自由に共有したり開発したりする意欲を失うかもしれないね。

　著作権のほかに**著作隣接権**があります。これは著作物の録音や放送などに関する権利です。これには、音楽家や俳優などの実演家人格権も含まれます。これらの権利は、著作物の実演や録音に関する創造活動を保護します。

 著作隣接権は、アーティストや演奏者が自分のパフォーマンスに対して持つ権利なんだね。

　著作権法には「例外規定」が設けられており、教育や研究、報道など公共の利益に資する場合に限り、著作物の使用が許可されることがあります。これは、社会全体の利益を考慮したバランスの取れた規定です。
　著作権を持つ人が、自分の作品をより柔軟に共有するためのライセンスシステムを**クリエイティブ・コモンズ・ライセンス**といいます。これにより、著作者は自分の作品を他人がどのように利用できるかを指定できます。4-3-3 はライセンスの強さを一覧にしたものですが、このよう

なアイコンを自由意志で提示することができます。右に行くほど権利主張の範囲が狭く、利用制限も小さくなっています。

4-3-3：クリエイティブ・コモンズ・ライセンス

全ての権利の主張　　　　　　　　　　　　　　いくつかの権利の主張　　　　　　　　　　　　　全ての権利の放棄

● 産業財産権

　産業財産権は、新しい技術やデザインの開発を促進し、保護します。これには特許権、実用新案権、意匠権、商標権が含まれます。特許権は新しい技術や発明を保護し、実用新案権は製品の改良を、意匠権は製品のデザインを、商標権はブランド名やロゴを守ります。これらの権利により、企業は新しい製品を安心して開発し、市場に投入することができます。

・**特許権**：自然法則を利用した、新規かつ高度で産業上利用可能な発明を保護します。
・**実用新案権**：物品の形状、構造、組合せに関する考案を保護します。
・**意匠権**：独創的で美感を有する物品の形状、模様、色彩等のデザインを保護します。
・**商標権**：商品・サービスを区別するために使用するマーク(文字、図形など)を保護します。

　ここではスマートフォンを例にして解説します。スマートフォンは、多くの異なる産業財産権、例えば特許権、実用新案権、意匠権、商標権などによって保護されています。

4-3-4：産業財産権

【特許権】
リチウムイオン電池に関する発明や、画面操作インタフェイス(ズーム・回転等)に関する発明、ゲームプログラムの発明など

新しい発明の保護
(出願から20年、一部出願から25年)

商品やサービスに使用するマークを保護
(登録から10年。更新あり)

【商標権】
電話機メーカーやキャリア各社が自社製品の信用保持のため製品や包装に表示するマーク

【実用新案権】
電話機の構造に関する考案、ボタンの配置や構造など

物品の構造・形状の考案を保護
(出願から10年)

物品、建築物、画像のデザイン保護
(登録から始まり、出願から最長25年で終了)

【意匠権】
電話機をスマートにした形状や模様、色彩に関するデザインなど

　産業財産権がなかったら、新しい技術やデザインの開発に投資してもその成果が模倣されてしまう危険があるため、企業はスマートフォンのような製品の開発に躊躇するかもしれません。産業財産権は、企業に大きなインセンティブを与え、技術革新が促進され、消費者には多様な製品

が提供されることになるのです。

スマートフォンには、画面のタッチ技術やデザイン、アプリのアイコンまで、いろいろな産業財産権が関係しているんだね！

それぞれの権利が、スマートフォンの技術やデザインを守っているってわけだね。

だから新しいスマートフォンが次々に開発されるんだよ。

●個人情報

　情報社会における**個人情報**の保護は、個々人の権利とプライバシーを守るために非常に重要です。

　個人の情報が適切に扱われ、保護されることを目的とした法律を**個人情報保護法**といいます。この法律は、個人情報の収集、利用、管理に関する規則を定め、個人のプライバシーを保護することを目指しています。

　個人情報の中でも特に重要なのが、**基本四情報**といわれる**氏名、住所、生年月日、性別**で、個人を特定するための基本的な情報とされています。これらの情報は、特に慎重な取り扱いが求められます。

　個人情報の一部として、特に個人を識別するための符号や番号を指すものを**個人識別符号**といいます。これには、**社会保障番号、パスポート番号、運転免許証番号**などが含まれ、個人の識別に直接使用される情報です。

　個人情報の取扱いにはオプトイン方式とオプトアウト方式があります。**オプトイン方式**では、個人情報の利用に対してユーザーの明示的な同意が必要とされます。一方、**オプトアウト方式**では、ユーザーが明確に拒否しない限り、情報の使用が黙示的に許可されます。ただ、オプトアウト方式で本人の同意を得ていない個人情報を第三者提供しようとする場合には、事前にオプトアウト手続きを行っていることを個人情報保護委員会に届出をしなければなりません。これは個人情報の適切な管理と利用者の意向を尊重するためのものです。

●プライバシー

　現代社会では、**プライバシーの保護**が非常に重要な課題となっています。

　個人が自己の私生活に関する情報をコントロールし、不当な干渉から守られる権利を**プライバシー権**といいます。この権利は、個人の自由と尊厳を保護し、プライベートな情報の不適切な公開や利用を防ぎます。

　スマートフォンで撮影された写真に含まれるジオタグは、撮影場所の情報を記録します。この**ジオタグ**がついている写真を公開することで、ユーザーの居場所が特定される可能性があるため、

プライバシーに関しては注意が必要です。例えば、自宅や職場などのプライベートな場所で撮影された写真にジオタグが含まれている場合、その情報が公開されることで個人の安全が危険にさらされる可能性があります。

個人のプライバシーと公共性を守るために肖像権とパブリシティ権があります。**肖像権**は、個人の顔や姿を不当に使用されないように保護する権利です。これにより、個人のプライバシーが守られます。**パブリシティ権**は、芸能人やプロのスポーツ選手等のように、著名人の氏名や肖像には一定の顧客誘引力があり、その価値に基づく権利のことです。

◉ プライバシーマーク

プライバシーマークは、企業や団体が個人情報の適切な管理を行っていることを示す認証マークです。このマークを持つ組織は、個人情報保護に関する一定の基準を満たしており、消費者に対してその組織が個人情報を適切に扱っていることを保証します。プライバシーマークがある場合、消費者はその組織が個人情報を慎重に扱い、適切なセキュリティ対策を講じていることに安心できます。

4-3-5：プライバシーマーク

問題 1

解答は 231 ページ

メディア・リテラシーにおける「批判的思考」の重要な側面はどれですか。もっとも適切なものを選びなさい。

①情報源を問わず、すべての情報を受け入れること
②自分の既存の意見や信念に合致する情報のみを選択すること
③提供された情報の信憑性を評価し、バイアスや偏見を考慮すること
④情報を迅速に共有し、広めること

問題 2

情報モラルにおいて、個人が SNS で写真を共有する際に最も重要な配慮すべきことはどれですか。もっとも適切なものを選びなさい。

①写真の美的価値　　　②写真に写っている人物のプライバシー
③写真の撮影技術　　　④写真の共有による「いいね！」の数

問題 3

クリエイティブ・コモンズ・ライセンスに関する次の記述のうち、正しいものはどれですか。もっとも適切なものを選びなさい。

①クリエイティブ・コモンズ・ライセンスによって、著作権は完全に放棄される。
②このライセンスは、著作権を持つ人が自分の作品を自由に共有するためのものであり、利用方法を指定できる。
③クリエイティブ・コモンズ・ライセンスを持つ作品は、商業目的で自由に使用できる。
④すべてのクリエイティブ・コモンズ・ライセンス作品は、改変や二次創作が許可されている。

問題 4

スマートフォンに関連する産業財産権のうち、製品の特定の改良（例えばボタン配置の改良）を保護するのはどれですか。もっとも適切なものを選びなさい。

①特許権
②実用新案権
③意匠権
④商標権

問題 5

スマートフォンの写真に関連する「ジオタグ」がプライバシーに与える影響について、最も適切な記述はどれですか。

①ジオタグは写真の美的価値を高めるため、プライバシーには影響しない。
②ジオタグは写真に地理的な位置情報を追加するが、プライバシーへの影響は限定的である。
③ジオタグは写真の撮影場所を特定できるため、公開することでユーザーの居場所が明らかになる可能性がある。
④ジオタグは一般的に自動的に無効化されているため、心配する必要はない。

4.4 問題解決

　現代社会は複雑で、日々新しい問題が生じます。これまでに学んだ「アルゴリズムとプログラミング」「データの分析」「身の回りのコンピュータ技術」「情報デザイン」は、これらの問題に対処するための強力なツールとなり得ます。これらの概念がどのようにして効果的な問題解決に貢献するのかを見ていきましょう。

 先生、これまでに学んだ「アルゴリズムとプログラミング」、「データの分析」、「身の回りのコンピュータ技術」、それに「情報デザイン」って実は全部、問題解決のために学んできたのですか。

 そうだよ。例えば、アルゴリズムとプログラミングは、問題を解決するための具体的な手順を作成し、それを実行する方法を提供するよ。

 データの分析も重要よね。データを分析することで、問題の原因を発見したり、どんな解決策が効果的かを予測できるもんね。

 それに、身の回りのコンピュータ技術によって、テクノロジーを使って問題をより効率的に解決できるね。

 その通り。そして、情報デザインは、問題に関する情報をわかりやすく伝えるために不可欠だよ。これによって、問題に関する正確な理解を促進し、チームや他人と効果的にコミュニケーションを取ることができるね。

 つまり、私たちが学んできたすべてのことが、問題解決のための1つ1つのピースになっているのね！

 わかった！だから、実際の問題に取り組むときは、これまで学んだことを活かして、もっと効果的に解決策を見つけられるんだね！

●PDCAサイクル

　PDCAサイクルは、問題解決のための反復的なプロセスです。**計画（Plan）**、**実行（Do）**、**チェック（Check）**、**行動（Act）**の各ステップを通じて、解決策を継続的に改善し、問題をより効果的に解決できます。

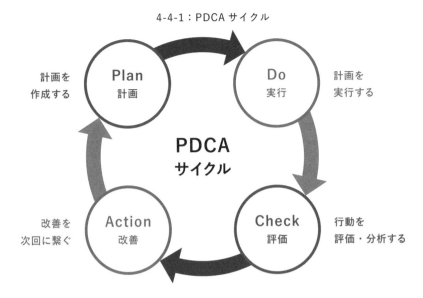

4-4-1：PDCA サイクル

このサイクルを「情報のテストの点数を上げる」という具体的な目標に応用する例を見てみましょう。

Plan（計画）

まずはテストの点数を上げるための計画を立てます。現在の成績を分析し、点数を上げるために必要な学習範囲や方法を特定します。過去のテストで間違えた問題や苦手なトピックを特定し、それらに重点を置いた効果的な学習計画を策定します。

計画を立てるときには、弱点をしっかり把握して、それに対する具体的な対策を考えるわね。

Do（実行）

計画に基づいて学習を実行します。この段階では、計画した内容に沿って定期的に勉強し、自分の理解度を確認しながら進めます。必要に応じて追加の学習資料を利用したり、教師や同級生からの支援を求めたりすることが役立ちます。

実行するときには、計画通りに進めることが大切なんだね。

Check（評価）

学習活動の後、自己評価や模擬テストを通じて、進捗をチェックします。この段階での評価は、計画の有効性を測り、さらなる改善点を見つけるために重要です。

チェックフェーズでは、自分の進捗を客観的に評価し、計画が効果的かどうかを判断します。

225

Act（改善）

　最後に、評価結果に基づいて学習計画を改善します。効果的でなかった学習方法を見直し、より効果的な方法に切り替えるなどの調整を行います。次回のテストに向けて、改善された学習計画を立てます。

 改善フェーズでは、前回の経験から学んで、よりよい学習計画を立てることが大切ね。

● フレームワークの活用

　問題解決のための構造化されたアプローチを**フレームワーク**といいます。フレームワークを利用することで、問題を体系的に理解し、適切な解決を見つけやすくなります。問題を効率的に解決するための強力なツールと言えます。

　ここでは、具体的な目標である「情報のテストの点数を上げる」に対して、**ブレーンストーミング**と **KJ法**を適用する方法を見ていきましょう。

　ブレーンストーミングは、創造性を活かして多くのアイデアを生み出す手法です。この手法をテストの点数向上に適用する際のステップは次の通りです。

・**問題の提示**：最初に、具体的な問題「情報のテストの点数をどうやって上げるか」という問題を明確に提示する。
・**アイデア生成セッション**：限られた時間内で、参加者は自由にアイデアを発言する。この段階ではアイデアの量を重視し、他人のアイデアへの批判や評価は控える。参加者は、例えば異なる学習方法、時間管理のテクニック、集中力を高める戦略など、あらゆるアイデアを提案する。
・**アイデアの整理**：提案されたアイデアを整理し、実行可能なものを選ぶ。集団での討議を通じて、最も有望なアイデアを特定する。

ブレーンストーミングで、意外な解決策や新しい視点が見つかることもあるね。

　KJ法は、情報を効果的に整理し、問題の核心を見つけるためのフレームワークです。以下のステップで実施します。

・**情報収集**：初めにテストの点数に影響を与える可能性のある要因を収集する。例えば、学習環境、時間管理、理解度の確認方法など、さまざまな要因を書き出す。
・**情報のグループ化**：次に、書き出した情報を関連性に基づいてグループに分類する。このプロセスでは、問題の異なる側面が明確になり、主要な要因が見えてくる。
・**関係性の分析と結論**：各グループ間の関係性を分析し、テストの点数に最も影響を与える主要因を特定する。最終的に、これらの要因に基づいて具体的な行動計画を策定する。

 KJ法は、問題解決において混乱を整理し、重点を明確にするのに非常に役立つよ。

● 問題解決へのアプローチ

　現代社会の複雑な問題に対処するためには、多角的な視点と総合的なスキルが求められます。この節を通じて、私たちは問題を分析し、解決するためのさまざまなツールと手法を学んできました。ここで本書を通じて学んだことを振り返ってみましょう。

　「アルゴリズムとプログラミング」（第1章）を通じて、問題を解決するための明確なステップと手順を学びました。これにより、複雑な問題を体系的に分解し、具体的な解決策を実行する能力が養われました。

　「データの分析」（第2章）によって、問題解決において重要なデータの分析のスキルを習得しました。データを通じて問題の原因を明らかにし、効果的な解決策を予測することで、より情報に基づいた意思決定が可能になりました。

　「身の回りのコンピュータ技術」（第3章）を理解することで、テクノロジーを活用して問題を効率的に解決するための基盤を築きました。デジタル化やネットワークなどに精通することにより、より効果的な解決策を設計できるようになりました。

　「情報デザインと問題解決」（第4章）に関する知識は、誰に対しても情報をわかりやすく伝えることに重点を置き、正しい情報の伝達を促進しました。これにより、問題解決のプロセスにおいて、チームや他人との効果的なコミュニケーションが確立されました。

これまでに学んだすべてが、問題解決のための大切なピースになっているんだね！

それぞれの学びが組み合わさることで、私たちはより効果的な問題解決ができるようになるね。

そうだね。これらの知識を組み合わせて使うことで、より創造的で効率的な問題解決が可能になるよ。ここまでの知識を活かして、実際の問題解決に挑戦していこう！

問題 1

解答は 232 ページ

PDCA サイクルにおいて、「C」のフェーズの主な目的は何か。

①実行された計画の効果を創造的に拡張する。
②実行中の計画を管理し、必要に応じて調整を行う。
③実行された計画の結果を評価し、成功度を確認する。
④新たな計画を立て、次のサイクルの準備を始める。

問題 2

ブレーンストーミングにて重視すべきことは何か。

①参加者の意見を評価し、最も実行可能なアイデアを選択する。
②参加者に時間制限を設け、迅速な意思決定を促進する。
③参加者が自由にアイデアを発言できる環境を確保し、批判を避ける。
④セッションの終了時に具体的な行動計画を作成する。

問題 3

KJ 法における最終的な目標は何か。

①集められた情報を詳細に分析し、データの傾向を明らかにする。
②関連する情報をグループ化し、問題の核心を明らかにする。
③複数の情報源から得られたデータを統合し、新たな理論を構築する。
④情報を基にして新しい問題解決の戦略を具体化し、実行計画を立てる。

4.1 | 情報デザイン

●問題1　②

ユニバーサルデザインは、年齢や能力にかかわらず、すべての人が利用しやすい製品、環境、サービスを提供することを目指しているため、②が、この原則に最も適合している。一方、①、③、④は特定のユーザーグループに焦点を当てており、ユニバーサルデザインの全体的な概念には合致しない。

●問題2　②

アクセシビリティは、障害を持つ人々が情報やサービスに容易にアクセスできるようにすることを目指している。②の点字を使用した公共の案内板は、視覚障害者に配慮しており、アクセシビリティの概念に最も適合する。①と③はUIの使いやすさに関連しているが、直接的にアクセシビリティを表しているわけではない。また、④はアクセシビリティに貢献しているわけではない。

4.2 | メディアの特性とモノと情報の違い

●問題1　③

「表現のためのメディア」は、アートや文化を伝達する目的で使われるメディアを指す場合が多い。絵画は、感情やアイデアを視覚的に表現し、文化的価値を伝える典型的な例である。一方、テレビニュース（①）やソーシャルメディア（②）は、アートや文化を伝えるためにも使うことができるが、この2つは情報を広く伝える「伝達のためのメディア」に分類される。オンラインデータベース（④）は「記録のためのメディア」に該当する。

●問題2　③

情報は非物質的で、物理的な形を持たず、言語や記号、デジタルデータなどの形で存在する。一方、情報は消えることなく残る（①）、容易に複製できる（②）、そして瞬時に広範囲に伝播する（④）という特性を持っている。

4.3 | 情報社会

●問題1　③

メディア・リテラシーにおける「批判的思考」は、情報を深く分析し、その信憑性を疑問視する能力を指す。③は、情報の信頼性を検証し、偏見やバイアスがないかを批判的に評価することを示している。これは、フェイクニュースや誤情報に惑わされないために重要である。一方、①は批判的に情報を評価しないことを示しており、②は確証バイアスの例であり、④は情報の速やかな共有を促すが、それが批判的思考を意味するわけではない。

●問題2　②

情報モラルにおいて重要なのは、他人のプライバシーを尊重し、不当な情報の共有を避けることである。特に SNS での写真共有においては、写真に写っている人物のプライバシーを考慮することが非常に重要である。他人の同意なしに写真を共有することは、その人のプライバシー権を侵害する可能性があるため、②が正解である。一方、①、③、④は美的価値、技術的側面、またはソーシャルメディア上での人気といった要素に焦点を当てており、情報モラルの観点からの重要性は高くない。

●問題3　②

クリエイティブ・コモンズ・ライセンスは、著作権者が自分の作品をより柔軟に共有することを可能にするライセンスシステムをいう。このライセンスを通じて、著作者は他人が自分の作品をどのように利用できるかを指定できる。

①のクリエイティブ・コモンズ・ライセンスは著作権の放棄ではなく、特定の条件のもとでの共有を許可する。③のようにすべてのクリエイティブ・コモンズ・ライセンス作品が商業目的で利用可能というわけではない。また、④も一般的には正しくなく、クリエイティブ・コモンズ・ライセンスの種類によっては改変や二次創作を制限するものもある。

●問題4　②

実用新案権は、製品の特定の改良や新しい用途を保護する権利である。この場合の「スマートフォンのボタン配置の改良」は、その機能性や使いやすさに寄与するため、実用新案権の範囲に含まれる。

一方、特許権（①）は新しい技術的な発明を保護し、意匠権（③）は製品の外観デザインを保護し、商標権（④）はブランド名やロゴを保護する。

●問題5　③

ジオタグはスマートフォンの写真に自動的に地理的な位置情報を追加する機能である。この情報は写真の撮影場所を特定するのに使用され、その写真を公開した場合、ユーザーの現在地や訪れた場所が第三者に知られるリスクがある。これはプライバシーの侵害につながる可能性があり、特に個人の安全やセキュリティに関わる重要な情報である場合、慎重な対応が求められる。

①と②はジオタグのプライバシーへの影響を過小評価している。④は不正確で、多くのデバイスやソフトウェアではジオタグはデフォルトで有効化されている場合もあり、ユーザーが自ら無効化する必要がある。

4.4 | 問題解決

●問題1　③

PDCA サイクルの「C」フェーズ、つまり「Check」フェーズでは、実行された計画の結果を評価し、目標達成度を測定する。このフェーズの目的は、計画の有効性を確認し、必要な改善点を特定することである。この評価は、次の「Act」フェーズでの改善策の策定に不可欠といえる。

●問題2　③

ブレーンストーミングの目的は、創造性を促進し、可能な限り多くのアイデアを生み出すことである。そのため、ファシリテーターは参加者が自由にアイデアを発言できる環境を確保し、発言に対する批判や即時の評価を避けることが重要である。このようなオープンな環境が創造性を最大化し、多様なアイデアの発想を促す。

●問題3　②

KJ 法の目的は、さまざまな情報を効果的に整理し、それらを関連性に基づいてグループ化することである。このプロセスを通じて、問題の異なる側面が明確になり、最終的には問題の核心部分が特定される。KJ 法は、情報の過剰な複雑さを解消し、問題解決に向けての洞察を深めるのに役立つ。

索　引

著 者 紹 介

■ 永野 直（ながの　なおし）　特定非営利活動法人みんなのコード　執筆担当：第1章、第3章

元千葉県公立高等学校情報科教員。
2003年の高等学校教科「情報」新設とともに情報科の授業を20年近く担当する。
2011年に千葉県立袖ヶ浦高等学校に「情報コミュニケーション科」を新設し、日本の公立高等学校として初めて生徒1人1台の自己所有タブレット環境を導入した。
文部科学省専門的作業等協力者として現行学習指導要領の専門学科「情報」の作成に協力。
千葉県総合教育センター研究指導主事を経て2021年よりNPO法人みんなのコードに参画。
宮城教育大学非常勤講師

特定非営利活動法人みんなのコード

「誰もがテクノロジーを創造的に楽しむ国にする」をビジョンに、主に公教育における情報・テクノロジー教育を推進するNPO法人です。小・中・高の無償プログラミング学習教材「プログル」シリーズの開発・提供をはじめ、学校教育、社会教育の両面から、すべての子どもがテクノロジーで自身の可能性を発見し、新たな価値を生み出す社会の実現に向けて活動しています。
https://code.or.jp

■ 稲垣俊介（いながき　しゅんすけ）　東京都立神代高等学校　執筆担当：第2章、第4章

博士（情報科学）　東北大学大学院情報科学研究科博士後期課程修了。
東京都立高校の情報科教員として情報教育を実践。山梨大学客員准教授、筑波大学と國學院大學にて非常勤講師として教職課程を担当。
主な著作は、監修『情報I 大学入学共通テスト対策』（インプレス）、共著『情報モラルの授業』シリーズ（日本標準）、同『新・教職課程演習 第21巻』（協同出版）など。また、文部科学省『高等学校情報科『情報II』教員研修用教材』、文部科学省検定済教科書『情報I 図解と実習』（日本文教出版）の編集・執筆に参画している。
https://inagaki-shunsuke.jp/

装丁・本文デザイン　坂井正規
表紙・本文イラスト　山口真理子
組版　　　　　　　　クニメディア株式会社

思考力アップ
大学入学共通テスト「情報I」[なるほどラボ]
2024年3月18日　初版　第1刷発行

著者　　　　永野直（ながのなおし）、稲垣俊介（いながきしゅんすけ）
発行人　　　佐々木幹夫
発酵所　　　株式会社翔泳社（https://www.shoeisha.co.jp）
印刷・製本　株式会社加藤文明社印刷所

本書へのお問い合わせについては、8ページに記述の内容をお読みください。
落丁・乱丁はお取替えします。03-5362-3705までご連絡ください。

ISBN978-4-7981-8321-3　　　　　　　　　　　　　　　　Printed in Japan